LETTRES

A SOPHIE

SUR L'HISTOIRE.

DE L'IMPRIMERIE DE VALADE.

LETTRES

A SOPHIE

SUR L'HISTOIRE.

Par FABRE D'OLIVET.

Utile dulci.

Horat.

TOME SECOND.

A PARIS,

Chez **Lavillette** et Compagnie, rue Saint-
André des Arcs, n°. 46.

AN IX—1801.

LETTRES

A SOPHIE

SUR L'HISTOIRE.

LETTRE XXX.

Quelques idées sur le Déluge. Difficulté d'établir un bon systéme chronologique.

O combien les souvenirs que l'on doit à l'étude sont intéressans! Avec quel orgueil, perçant la profondeur des siècles, et se transportant dans un monde primitif, l'homme sensible revoit le berceau de ses pères! Avec quel saisissement religieux il se trouve au sein de son antique famille! Quel que soit le plaisir que ressente le poëte en se frayant dans l'avenir une route inconnue, et en s'environnant des prestiges brillans de l'imagination, ce plaisir n'est rien en comparaison de celui qu'éprouve l'historien qui force, pour ainsi dire, le cours des siècles, remonte à la source des tems, et d'un pinceau fidèle, refait le tableau des choses passées : sa plume, plus puissante que la baguette magique des fées, s'exerce, non sur des fantômes vains, mais sur des objets réels ; elle rappelle à la lumière les héros dont les cendres mêmes ne sont plus, et présente à la postérité l'exemple de leurs vertus ; elle force les nations entières à sortir du silence des tombeaux, et les fait agir sur la scène du monde ; elle rebâtit les villes, ressuscite les arts, arrache les gouvernemens aux ténèbres de l'oubli, et souvent rétablit le chaos pour le débrouiller.

VOIS-TU, Sophie, avant la funeste catastrophe qui couvrit la Terre de débris et de désolation, vois-tu ces peuples puissans qui se partagent le globe? L'Atlantide est au faîte de la gloire ; ses colonies nombreuses sortent de ses ports, et vont peupler des pays lointains ; les descendans d'Ouranos et d'Atlas occupent l'Afrique ; l'Asie obéit aux peuples de Gian-ben-Gian, et l'Europe entière se remplit de nations belliqueuses, qui croissent pour la conquête du Monde (1).

Tu n'as pas oublié ce que je te promis dans ma XXIIe. Lettre, lorsqu'après t'avoir entretenu de ces trois colonies primitives, je retardai d'établir la généalogie des peuples qui en descendent, pour offrir à ta curiosité l'histoire d'Adim. Cette histoire s'est terminée par une catastrophe horrible, catastrophe qui, comme le reste des événemens qu'elle renferme, ne doit pas être rangée parmi les productions fantastiques de l'imagination de son auteur. Les traces qu'elle a laissées dans le souvenir des peuples, sont trop profondes pour avoir été l'ouvrage d'une fable ou d'une allégorie ; il est hors de doute que la Terre a été ravagée par un déluge ; mais, comme l'observe très-bien le savant Boulanger, (a) le déluge n'a point été universel ; ses causes et ses effets n'ont point été uniformes ; il peut même avoir eu lieu dans divers pays à différentes époques : tandis que des nations ont été étouffées par les

_____

(a) *Antiquité dévoilée*, tom. II. p. 333.

flammes et les vapeurs d'un incendie, d'autres ont été submergées et ensevelies dans les flots.

Il paraît certain que dans presque toutes les contrées, il y a eu des hommes qui ont survécu à ces terribles accidens. Long-tems avant que ce fléau se manifestât, des signes évidens annoncèrent la destruction de la Nature, (a) et l'on dut se précautionner, soit en se transportant sur les sommets les plus élevés des montagnes, soit en se rapprochant des rivages de la mer pour s'y embarquer. Ce dernier moyen de se sauver fut le plus rare et le plus hasardeux ; les vaisseaux brisés sur des écueils par la violence des vagues, ou poussés en pleine mer par la force des vents, périrent d'une manière ou d'autre ; les montagnes offrirent des asiles plus assurés : le culte dont elles ont été l'objet paraît un mouvement de la reconnaissance que les hommes conservèrent pour ces lieux sacrés, refuges de leurs ancêtres.

***

(a) La Genèse dit qu'avant même la naissance de Noé, le Seigneur avait maudit la Terre, ch. V. v. 29.

Au reste, il n'est pas étonnant que ces hommes, frappés de terreur, jetés sur quelques rochers arides, séparés les uns des autres par des déserts immenses, se soient crus les seuls êtres préservés du naufrage, et qu'ils aient regardé comme universel ce déluge qui venait, sous leurs yeux, de détruire leur patrie ; il n'est pas étonnant que leurs descendans, trompés par des traditions altérées et mêlées de fables, se soient prétendus autochtones, et qu'ils aient fait remonter leur origine jusqu'au berceau du globe : presque tous les peuples ont confondu l'inondation primitive avec le déluge, et la naissance de la Terre avec son renouvellement. Voilà ce qui jette tant d'obscurité sur l'histoire des siècles antérieurs ; voilà ce qui fait que quelques nations se donnent une existence de plusieurs milliers de siècles, tandis que d'autres bornent celle de la Terre à cinq ou six mille ans.

Moïse prétend que le peuple hébreu remonte, de filiation en filiation, jusqu'à la création du monde ; mais malheureusement la faiblesse de son système chronologique prouve son erreur ; car, d'après ses calculs, il n'y aurait qu'environ six mille ans que le Monde aurait été créé, ce qui est démontré impossible par l'existence seule des pyramides d'Egypte. (*a*) Moïse a confondu certainement deux époques très-éloignées; et son Adam ne peut être considéré que comme l'un des hommes échappés à la dernière catastrophe du globe. Cette hypothèse se prouve par le souvenir que les Indiens ont conservé d'un certain Adim qui, suivant eux, fut le premier homme du Monde renouvelé, et par la longue suite de générations (*b*) que les Orientaux placent avant Adam.

Mais sans nous engager dans des discussions interminables, c'est assez pour te faire sentir combien il est difficile d'établir un bon système sur la génération des peuples et sur le rang qu'ils doivent occuper entre eux suivant l'ordre des tems. Quelques recherches que l'on fasse, et quelques données qu'on obtienne à cet égard, il sera toujours

(*a*) Voyez la note 3ᵉ. de la première Partie.

(*b*) Voyez dans la *Bibl. orient.* d'Herbelot, au mot *Soliman*, ce qui concernait ces Monarques préadamistes.

douteux si le peuple que l'on place à la tête des autres, remonte véritablement jusqu'au principe des choses, s'il a une origine anté-déluvienne, ou si, au contraire, il ne date que depuis le déluge. J'ai, par exemple, donné le peuple du Caucase pour ancêtre aux Atlantes, aux Péris et aux Scythes ; mais peut-être ce peuple que j'ai été forcé, faute de monumens, de nommer le peuple primitif, n'était lui-même que le débris d'une population antérieure, détruite par quelque bouleversement semblable à celui qui détruisit l'Atlantide.

Quand on réfléchit au laps de tems qui doit s'être écoulé entre la naissance des premières sociétés à la formation de l'empire des Assyriens, et que l'on pense au nombre effrayant de révolutions dont notre globe doit avoir été le théâtre pendant cette longue série de siècles, on ne peut que gémir sur la faiblesse de notre chronologie, et la pauvreté de nos connaissances historiques.

Notre histoire écrite ne remonte pas à plus de cinquante à soixante siècles, et nos traditions orales ne vont pas au-delà de dix mille ans : c'est-à-dire que toutes nos lumières sur ce sujet intéressant, s'arrêtent au désastre de l'Atlantide. Cependant, qui sait combien de catastrophes s'étaient succédées sur la Terre avant celle dont le bruit a retenti jusqu'à nous ? Qui sait combien de peuples, semblables aux Atlantes, avaient été, avant eux, victimes de ces convulsions de la Nature ? Je crois, malgré tout ce qu'on a pu dire de contraire, que le genre humain s'est renouvelé plus d'une fois sur la Terre, depuis que la Terre est devenue la patrie de l'homme; que les siècles de lumière et de barbarie s'y sont succédés plus d'une fois parmi les nations; et que les Atlantes, le peuple le plus ancien dont nous puissions citer le nom, cherchaient, ainsi que nous les cherchons encore, les traces d'un peuple primitif qui peut-être, à son tour, avait cherché celles de ses ancêtres.

Cette difficulté, qu'on ne parviendra jamais à résoudre, ne doit point nous arrêter: semblable au vainqueur de Darius, l'historien doit savoir trancher le nœud, quand il désespère de le dénouer. A tout prendre, la différence est peu de chose entre les descendans des premiers êtres, formés par

la Nature et jetés sur la Terre sans connaissances comme sans souvenirs, et les fils de
ces hommes malheureux, épargnés par hasard
au milieu des grandes convulsions du globe,
et abandonnés sur un terrein désert, victimes
des élémens conjurés, et la proie de tous
les besoins.

Au bout de quelques générations, il n'existe
entr'eux aucune nuance : la même ignorance
est également leur partage. Ainsi donc, que
les hommes du Caucase soient ou non les
premiers de tous les hommes, cela n'importe
en aucune manière à l'objet de nos recherches, qui est d'établir, par approximation,
la génération des peuples d'une antiquité
mitoyenne.

Mais il faut encore, ma chère Sophie,
que tu reviennes sur tes pas, et que tu te
rappelles ce que je t'ai dit dans ma XIIIe.
Lettre, touchant la retraite graduée des mers
et le développement successif du globe. Je
sais bien qu'il n'est pas toujours agréable
de revenir sur de pareilles choses, et que
mes lettres ne peuvent, comme les tiennes
et celles de tes semblables, porter à chaque
pli l'empreinte de l'intérêt que vous inspirez.

Que veux-tu ? La science n'est pas toujours aimable ; elle a, comme les belles, des mo-mens d'humeur que ses amans doivent souf-frir. Si je composais un livre, il me serait facile de remédier à cet inconvénient ; je n'aurais qu'à transporter ici certains détails qui se trouvent dans la Lettre dont je te parle, et tout serait réparé ; mais j'écris seulement pour Sophie, et je puis m'en fier à son intelligence : elle fera ce qu'il ne m'est plus possible de faire ; elle suppléera au désordre de mes idées, et leur prêtera la méthode qui leur manque. Et si, par hasard, cette Lettre s'était effacée de ta mémoire, occupée d'un objet plus heureux, eh bien! ne t'en fâches pas, tu auras le tems de la relire avant de recevoir ma prochaine, qui doit en être comme le complément.

LETTRE XXXI.

Filiation des Peuples d'une antiquité mitoyenne. Nouveaux détails sur l'Archipel Panchéen.

C'EST au moyen de l'analogie des langues que nous pouvons juger avec quelque certitude de la descendance des peuples. Quand bien même l'histoire se tairait sur l'origine des Français, des Espagnols, des Italiens modernes, il n'y a personne qui, en comparant leurs idiômes, ne vît que ces trois nations ont appartenu à un même empire, dont elles ont été séparées par des conquérans, qui leur ont donné à chacune une physionomie particulière.

Le laborieux Court de Gébelin a pris soin de fournir des preuves à mon système historique, en traçant dans son plan du Monde primitif un tableau des langues comparées: selon lui, l'hébreu, le chinois, le celte sont les langues auxquelles toutes les autres se rapportent; et ces trois langues ne sont elles-mêmes que les dialectes d'une langue primitive infiniment plus ancienne : or, l'hébreu, le chinois, le celte sont visiblement un reste des dialectes parlés par les Atlantes d'Afrique, les Péris d'Asie et les Scythes d'Europe ; et la langue primitive dont elles dérivent, ne peut être que celle du peuple du Caucase.

D'après ces principes, tous les peuples dont nous verrons le langage avoir de l'analogie, soit avec l'hébreu, soit avec le chinois, soit avec le celte, doivent appartenir à la famille des Atlantes, des Péris ou des Scythes.

EXCUSE, Sophie, ces détails arides, plus faits pour des grammairiens que pour de jeunes personnes de ton sexe : je te promets que ce seront les derniers. Je vais achever de t'exposer rapidement les résultats de mon système, sans m'appesantir davantage sur des preuves dont je sais que tu me dispenses, et qui ne servent, au fond, qu'à augmenter la peine de celui qui les donne, et l'ennui de celui qui les reçoit.

LE peuple Atlante fut sans doute la tige

d'une foule de nations ; mais le désastre de l'Atlantide et la submersion totale des peuples qui habitaient, à cette époque, les contrées basses de l'Europe et de l'Afrique, ont laissé peu de traces de leur filiation. On ne peut cependant s'empêcher de ranger parmi ses descendans, le Syrien, célèbre par le luxe et le nombre de ses villes ; le Phénicien, que son industrie et ses succès maritimes rendirent fameux avant que Carthage, qui fut sa colonie, n'éclipsât sa gloire; et l'Arabe indompté, dont le nom est devenu à-la-fois un objet de vénération et de mépris. L'Éthyopie reçut des habitans de l'Atlantide, et, à son tour, en donna à l'Egypte, qui devint une de ses colonies.

Les Egyptiens, Ethyopiens d'origine, se sont prétendus autochtones ; ils ont eu l'adresse de faire oublier leurs ancêtres, en les surpassant dans la carrière des sciences ; mais quoiqu'on ne puisse nier qu'ils aient donné des législateurs à la plupart des nations de l'Europe, et sur-tout à la Grèce, il est faux, comme l'ont prétendu certains écrivains, qu'ils aient été le premier peuple civilisé : non-seulement les Ethyopiens, mais

les Syriens même avaient été fameux avant
que l'Egypte existât (2).

La colonie égyptienne, plus active que sa
métropole, parvint à la faire oublier ; elle
usurpa quelque tems, par ses lois et par ses
arts, l'admiration du Monde, et donna naissance, au moyen d'un grand homme (*a*)
instruit dans son sein, à ce peuple, long-
tems ignoré sur le sol pierreux de la Palestine, ce peuple qui, grâce à ses institutions
inflexibles, a résisté aux chocs les plus vio-
lens, et qui, souvent dispersé, mais jamais
fondu dans les nations, a conservé au milieu
des plus intolérantes, le nom, la religion
et les mœurs de ses pères.

On peut faire descendre des Atlantes ces
peuples dont les historiens nous ont conservé les noms : (*b*) les Psylles, les Ammo-
niens, qui occupaient les côtes de la Lybie ;
les Garamantes, établis au centre de l'Afrique ;

(*a*) Moïse. Une tradition égyptienne veut que ce
Législateur soit né à Ermonthis, ville de la haute
Egypte, aujourd'hui nommée Erment.

(*b*) Hérodote, liv. IV. Les noms de ces peuples
sont tout ce qui reste de leur histoire.

les Nasamons, que le tems a détruits ; les Berbers, dont on rencontre encore quelques faibles restes sur les montagnes de Maroc et de Zara ; enfin les Amazones qui habitaient au pied du mont Atlas, l'île des Hespérides, et dont j'aurai occasion de parler.

Parmi les nations qui tirent leur origine des Péris d'Asie, il faut comprendre les Assyriens et les Perses, fondateurs des premiers Empires connus, et les Oans, qui ont devancé les Assyriens ; les Bactriens, auxquels Zoroastre donna des lois ; les Sogdiens, les Malliens, les Oxydraques, connus seulement par les conquêtes d'Alexandre ; les Prasiens, dont Palibothra était la capitale ; les Gangarides, renommés par la pureté de leurs mœurs ; les Indiens de Benarès, parmi lesquels on retrouve des traces des arts et des sciences antiques ; enfin les Chinois, ce peuple nombreux qui, placé à l'extrémité de l'Asie, et séparé du reste du Monde par sa muraille et ses lois plus durables qu'elle, est demeuré inaccessible aux secousses politiques qui ont changé la face d'un si grand nombre d'empires.

Quant aux Scythes, qui, comme je l'ai déjà dit, se répandirent dans le nord de l'Asie et en Europe, ils ont donné naissance à une foule de nations, dont la nomenclature serait aussi ennuyeuse qu'inutile. D'un côté, ce sont les peuples de Gog et de Magog, de Tchin et Matchin, et plus récemment les Huns, les Tartares, les Mongols, qui ont ravagé l'Asie : de l'autre côté, ce sont les Cimmériens, les Scandinaves, les Erses, les Esclavons, les Theutons, les Goths, les Sarmates, et enfin les Celtes, qui, s'avançant de l'orient à l'occident, ont envahi l'Europe et se sont mêlés, à plusieurs reprises, aux colonies dispersées que les Atlantes et leurs descendans avaient établies sur ses côtes méridionales.

Des Atlantes unis aux Péris sont sortis les Chaldéens, les Syriens, les Lydiens, et tous les peuples commerçans établis dans l'Asie mineure et sur les bords de la Mer Rouge.

Les Scythes, mêlés aux Atlantes, ont donné naissance aux Pelages, premiers habitans de la Grèce, aux Briges qui, suivant Hérodote, sont passés d'Europe en Asie, où ils ont pris le nom de Phrygiens, (*a*) aux Ibères, aux Thraces établis dans les deux parties du Monde ; enfin aux Grecs, aux Etruriens, aux Latins, et généralement aux peuples des bords de la Méditerranée.

Les Péris, subjugués par les Scythes, ont produit cent nations diverses, parmi lesquelles on doit ranger les Arriens, qui prirent ensuite le nom de Mèdes, (*b*) les Saces, les Gètes, les Massagètes, les Hyrcaniens, les Arméniens, les Parthes, et une foule d'autres dont les noms obscurs sont tout ce qui reste de leur histoire.

JE n'ai pas besoin de te dire que j'aurais pu grossir cette liste d'une infinité de noms ; mais c'en est assez pour fixer tes idées, et pour te donner à toi-même la facilité de classer ceux des peuples dont je n'aurai point parlé. Il ne faut, pour trouver à laquelle des trois colonies primitives appartient un peuple quelconque, que consulter ses insti-

---

(*a*) Hérodote, liv. VII.

(*b*) *Idem.*

2   2

tutions religieuses, son langage et sa situation géographique.

Les Dieux, les mystères, les pratiques superstitieuses, la langue hébraïque et l'Afrique désignent les Atlantes:

Les Péris se reconnaissent aux génies, aux prestiges magiques, aux arts d'imagination, à la langue chinoise, à l'Asie:

Les esprits dévastateurs, les coutumes belliqueuses, le duel, la langue celtique, l'Europe, appartiennent aux Scythes.

Les nations chez lesquelles on rencontre plusieurs de ces choses réunies, tiennent à deux des colonies primitives, quelquefois à toutes les trois; et souvent on peut reconnaître à la force de certaines institutions, et à la faiblesse des autres, quelles ont été les vicissitudes que tel ou tel peuple a essuyées.

MAINTENANT, revenons à l'histoire d'Adim. Quoique je n'aie rien répondu, dans ma dernière Lettre, aux choses obligeantes que tu me dis au sujet du manuscrit grec, dont tu veux absolument que je sois l'auteur, je n'ai pas oublié les questions que tu me fais relativement à l'Isle Fortunée,

et à quelques autres îles qui s'y trouvent
nommées. Je vais te satisfaire aussi rapidement qu'il me sera possible.

Tout ce qui est rapporté dans l'histoire
d'Adim , touchant l'Archipel Panchéen , se
trouve consigné dans un fragment de Diodore. (a) Cet historien ajoute même des
choses qui méritent d'être rapportées.

Dans l'île sacrée , dit - il , jamais on ne
rendait les devoirs funèbres aux morts. Lorsque les glaces de la vieillesse venaient éteindre
le flambeau de la vie , on transportait le
cadavre sur une plage déserte , afin de ne
point troubler , par des exhalaisons fétides ,
l'air pur que les plantes odoriférantes et
l'encens qui croissaient en abondance dans ces
climats fortunés , remplissaient des plus douces
odeurs.

Le pouvoir suprême dans l'île Panchaye
était confié aux Prêtres de Jupiter. Ils exer-
çaient le droit de vie et de mort sur tous
les citoyens. Trois Magistrats , élus parmi
le peuple , ne connaissaient que des causes

(a) Fragment du liv. VI , conservé par Eusèbe.

civiles. Le Sénat sacerdotal avait divisé la
nation en trois classes : celle des artistes,
celle des laboureurs et celle des bergers. Les
productions des arts, les fruits de la terre,
la totalité des troupeaux lui appartenaient.
Nul ne possédait rien en propre. Les Prêtres,
après avoir gardé une double part de toutes
ces richesses, les partageaient également entre
les citoyens.

Le sceptre et l'encensoir réunis dans les
mêmes mains, donnaient au Sénat théocra-
tique un pouvoir immense, dont une loi
bisarre, mais indispensable dans un pareil
gouvernement, l'empêchait d'abuser. Aucun
Prêtre ne pouvait sortir de l'enceinte sacrée
où l'attachait son ministère ; s'il osait la
franchir, et porter un pied téméraire sur
un sol profane, il était à l'instant même
mis à mort par le peuple.

Les faits que le même historien rapporte
touchant l'Isle Fortunée, sont tellement extraordinaires, (a) qu'on croit en les lisant,
entendre Scheherazade raconter une histoire
des *Mille et une Nuits* ; j'ai balancé quelque

(a) Liv. II. parag. 31 et 32.

tems avant de les extraire ; mais comme il
importait de remplir le vide du manuscrit,
et sur-tout de satisfaire ta curiosité, je me
suis déterminé à te transmettre ces détails,
sans les rejeter ni les adopter entièrement.

———

LETTRE XXXII.

Nouveaux détails sur l'Isle Fortunée, les Cassitérides et l'Isle Hyperborée.

L'ISLE FORTUNÉE, suivant le récit de Diodore, était entourée de cinq ou six îles plus petites, unies à la métropole par le double lien des mœurs et du gouvernement. On y trouvait des animaux rares dont l'espèce n'existe plus. Celui qui, par son organisation, s'éloignait le plus de tous ceux que nous connaissons aujourd'hui, était une sorte de tortue d'une conformation singulière : une croix jaune dessinée sur son dos, était terminée aux quatre extrémités par un œil et une bouche. Les quatre bouches aboutissaient à un même estomac. De quelque côté que l'animal voulût marcher, il le pouvait sans peine, au moyen des pattes qui accompagnaient la direction de chacun de ses yeux. Son sang était doué de la propriété merveilleuse de guérir les plaies, et même de faire reprendre les chairs des membres mutilés, en l'injectant sur les blessures récentes.

Toute surprenante que puisse paraître la structure de cette tortue, elle n'est rien en comparaison de celle des insulaires.

La charpente osseuse de leur corps, formée d'un cartilage extrêmement flexible, se repliait ou se redressait à leur gré; et malgré cette étonnante flexibilité, qui mettait leurs os à l'abri de toute fracture, ils étaient les plus robustes des hommes.

Leur taille était haute et majestueuse, leur visage parfaitement beau, leur peau blanche et unie. Ils avaient l'oreille plus ouverte que les autres hommes; on distinguait au milieu une protubérance qui ajoutait sans doute à la finesse de l'ouïe.

Leur langue, fendue dans toute sa longueur, était double jusqu'à la racine; et cette organisation, qui ne se lie avec aucune de nos idées physiques, donnait à ces hommes extraordinaires la faculté, non-seulement d'articuler tous les sons possibles, mais encore de prononcer deux discours différens, et de parler à deux personnes à-la-fois.

Je ne sais, Sophie, si tu feras la même réflexion que moi ; mais il me semble que cette facilité de parler doublement ne devait pas être inutile aux belles de l'Isle Fortunée. Quel plaisir, en effet, d'allier deux idées opposées, de parler sentiment et raison, et d'entretenir à-la-fois son amie et son amant ! Quelle source de volupté, même dans le tête-à-tête, de pouvoir dire deux fois la même chose ! Le sage, lorsqu'il avait commencé de développer une idée lumineuse, n'était point forcé de s'interrompre pour répondre à un importun ; il avait une langue pour la science, et une autre pour la sottise. Il pouvait dire, à plus juste titre que le philosophe de Molière : « De quelle langue voulez-vous vous servir avec moi ? » (a) L'homme d'état expédiait ensemble le laboureur et le guerrier ; le jeune homme pouvait parler tout haut à son père, et peut-être tout bas à sa maîtresse. Pauvres humains, combien tout est dégénéré !

QUOIQU'IL en soit de ces hommes, qu'il

(a) *Mariage forcé*, scène IV.

faudrait peut-être ranger avec ceux de **Cyrano de Bergerac**, (*a*) Diodore raconte que chez eux cette séparation de la langue, commencée dans le sein des mères, était perfectionnée par une opération douloureuse qu'on faisait à l'enfant dès qu'il voyait le jour.

Les habitans de l'Isle Fortunée, relégués au milieu des mers, paraissent avoir conservé long-tems ce caractère originel qui distingue les premiers hommes. Sans luxe, comme sans ambition, ils n'étaient revêtus que d'un habit léger, tressé d'un duvet cotonneux recueilli sur un arbrisseau; ils ne vivaient que des fruits du pays, qui croissaient sans culture.

Ces mœurs simples et pures leur assuraient une vieillesse exempte d'infirmités; ils prolongeaient ordinairement leur carrière jusqu'à cent cinquante ans; à cette époque, une loi leur ordonnait de la terminer par le suicide. Ce suicide, au reste, n'avait rien d'effrayant, ainsi que nous l'avons vu par un exemple cité dans le manuscrit.

Le culte de ce peuple était l'Ouranisme:

(*a*) Dans son histoire de la Lune.

c'est-à-dire, qu'il adorait le maître de l'Univers sous l'emblême éclatant du Soleil. Quant à son gouvernement, on serait tenté de croire, en examinant les lois cruelles qui en étaient la base, que l'Isle Fortunée avoit subi, dans des tems reculés, le joug d'un vainqueur farouche, qui, cédant à l'influence du climat, adoucit ses mœurs sans rien changer au code barbare qu'il avait établi.

Outre la loi qui ordonnait le suicide à tous les vieillards, il en existait une autre qui condamnait à mort les enfans qui naissaient faibles ou contrefaits, et tous les hommes qui devenaient estropiés ou infirmes (3).

Nous avons vu de quelle manière on éprouvait le courage des enfans ; rien n'était plus terrible que l'épreuve qu'on leur faisait subir.

Non contens de cette épreuve cruelle, les Législateurs de l'Isle Fortunée avaient proscrit le mariage : les deux noms de père et de mère y étaient inconnus. Les femmes étaient communes. Les enfans qui naissaient des unions fortuites formées par le hasard ou le simple desir, n'appartenaient à personne. Les Magistrats s'en emparaient dès leur naissance, et avaient soin de les changer plusieurs fois de nourrice, afin d'éluder le sentiment de la maternité, et de tromper l'instinct de la nature.

Ces Insulaires n'obéissaient qu'à des rois élevés à cette dignité par leur grand âge. Ils étaient divisés en tributs; chaque tribut était gouvernée par un chef, qui n'avait d'autre titre pour occuper ce rang, que celui qu'il recevait de son ancienneté; lorque la loi venait lui ordonner de s'endormir au sein de ses aïeux, le plus âgé après lui prenait sa place.

La situation de l'Isle Fortunée a donné lieu à de grands débats parmi les savans; les uns ont voulu que ce fût l'île de Ceylan, les autres les Maldives; (a) tous ont vraisemblablement érré dans leurs conjectures. Il ne faut point, selon moi, chercher sur nos cartes géographiques la plupart des îles dont parlent les anciens; car ces îles, par la retraite successive des mers, se sont réunies aux continens, et n'ont fait qu'ajouter à leur étendue.

(a) L'académicien le Gentil croit que cette île est la même que Sumatra. *Voyag.* tom. II. p. 102.

ON n'est pas plus d'accord sur la situation
des Cassitérides que sur celle de l'Atlantide
ou de l'Isle Fortunée : Strabon veut que ce
soient les îles Britanniques ; mais son sentiment est combattu. Les Phéniciens, qui en
tiraient de l'étain et du fer, avaient soin
de dérober cet Archipel à la connaissance
des autres nations, afin d'en conserver le
commerce exclusif ; Carthage, qui hérita de
leur découverte, suivit le même système ;
et lorsque cette république tomba sous les
efforts redoublés des Rómains, son secret
ne passa point à ses vainqueurs.

IL n'y a rien de plus vague non plus que
tout ce que les anciens ont débité sur l'Isle
Hyperborée. Leurs géographes la plaçaient
ordinairement au – delà des Gaules, dans
l'Océan septentrional. Pline, pour exprimer
la prodigieuse fertilité de son territoire, (a)
feint que les habitans semaient le matin,
moissonnaient à midi, cueillaient leurs fruits
le soir, et les renfermaient la nuit dans leurs
cavernes.

(a) *Histor. natur.* lib. IV. cap. 18.

La Divinité protectrice de l'Hyperborée était Apollon. Ce Dieu descendait dans l'île tous les dix-neuf ans, et à cette époque, y faisait entendre les sons de sa lyre immortelle. Les dogmes fondamentaux de son culte étaient l'existence d'un Dieu rémunérateur et vengeur, et l'immortalité de l'ame (a). L'île était gouvernée par un Prêtre-Roi, qui, suivant la croyance du peuple, descendait en ligne droite de Borée. Si, comme je suis porté à le croire, ce Borée est le même que le Dieu Bor, père d'Odin, qui suivant l'Edda, fut le réparateur du Monde, après la mort du géant Ymer, les Hyperboréens ne sont autre chose que les Scythes, et cette île tant cherchée est la Scandinavie.

Un seul de leurs Sages a mérité de transmettre son nom à la postérité : c'est Abaris, sur le compte duquel la Grèce menteuse n'est point restée muette. (b) Tantôt c'est un génie au-dessus des besoins de l'humanité, qui se repait du parfum des fleurs, et qui

---

(a) Diodore, liv. II. ch. 28.

(b) Hérodote, liv. II. Pline, liv. IV, chap. 18. Platon, Jamblique, Suidas, etc. etc.

vit de l'air qu'il respire ; tantôt c'est le favori d'Apollon , parcourant l'Univers porté sur une flèche d'or.

On lui attribue l'invention du fameux Palladium des Troyens ; on le cite comme l'auteur d'une foule d'ouvrages qui se sont perdus. (a) On veut qu'il ait été à-la-fois le contemporain d'Hélène et de Pythagore , sans faire attention qu'il faudrait alors lui supposer une existence de plus de huit siècles.

Selon Platon , Abaris guérissait les maladies avec la parole , prédisait l'avenir , et calmait les tempêtes. Assis sur sa flèche ailée , comme sur le cheval Pégase , il traversait les airs en franchissant les abîmes inaccessibles.

Ces allégories et ces contradictions portent à croire qu'il a existé plusieurs Abaris ; le premier Sage de ce nom fut sans doute un héros du Monde primitif, contemporain des Atlantes ; le second fut un philosophe du siècle de Pythagore.

L'Isle des Hespérides est un peu mieux connue que les Cassitérides ou l'Hyperborée ;

_____

(a) Ces ouvrages étaient les *Oracles scythiques*, le *Mariage du fleuve de l'Hèbre*, et la *Théogonie*.

les Amazones qui l'ont habitée ont fait rejaillir sur elle un éclat que cent siècles écoulés
n'ont pu totalement effacer. Ma prochaine
lettre contiendra tout ce qu'on sait de plus
intéressant sur ces femmes célèbres.

LETTRE XXXIII.

Histoire des Amazones d'Afrique et d'Asie ; destruction de leur empire ; passage de ces dernières en Europe.

PARMI les peuples qui ont dominé sur la terre, celui qui paraît le premier, après les Atlantes, dans les Annales du genre humain, est celui des Amazones.

Tu ne t'attendais pas, ma chère Sophie, à les voir sitôt, ces femmes guerrières, occuper nos crayons ; peut-être pensais-tu même que les poëtes t'en avaient imposé sur leur existence : reviens de ta surprise ; et si c'est un honneur pour ton sexe de s'être dépouillé de ses grâces et de sa sensibilité pour apprendre à manier le fer ; si c'est une gloire pour lui d'avoir dompté, dans les combats, l'homme qu'il lui était si facile de dompter avec l'amour, sois satisfaite ; car rien ne me paraît mieux prouvé : toute l'antiquité dépose en faveur de l'existence d'un peuple de femmes qui savait à-la-fois gouverner et combattre (*a*): mais je te connais mal, ou tu verras peu d'honneur à tromper la nature, et peu de gloire à l'outrager.

Les Amazones, ainsi que je l'ai dit dans ma dernière lettre, possédait l'île Hespéride, qui, suivant les notions géographiques qui nous en sont parvenues, était située au pied du Mont Atlas, dans le lieu où flottent aujourd'hui les sables brûlans de Barca. Cette position peut paraître singulière aux personnes accoutumées à juger toujours de la terre par ce qu'elle est aujourd'hui ; mais si tu te rappelles le grand principe que nous avons établi de la retraite des eaux, cette situation ne doit pas être un problème pour toi.

On ignore par quel concours de circonstances bizarres, ces femmes parvinrent à fonder un empire ; ce qu'il y a de certain, c'est qu'après avoir secoué le joug des hommes, elles parvinrent à rejeter sur eux — mêmes les chaînes dont elles s'étaient délivrées, et à les affermir par des lois durables.

(*a*) Diodore, liv. 3, parag. 27 et 28. Hérodote, liv. 4.

Elles s'emparèrent des magistratures, s'ac-
coutumèrent aux fatigues des armes, et
laissèrent à leurs époux les soins du ménage
et l'exercice du fuseau. Lorsqu'une Amazone
était accouchée, un homme était chargé de
nourrir l'enfant avec le lait étranger d'une
chèvre ou d'un autre animal : si c'était un
fils, on ne le tuait pas, comme l'ont dit les
poëtes, mais on le destinait à l'esclavage ;
si c'était une fille, on prévenait l'accroisse-
ment de son sein, sans le déchirer, et l'on
dirigeait son éducation de manière à augmenter le nombre des héroïnes.

L'empire des Amazones fut d'abord très-
borné ; mais peu à peu leur puissance s'ac-
crut. Lorsqu'elles eurent soumis l'Hespérie
entière, elles entreprirent de subjuguer quelques peuples africains ; elles y parvinrent,
et ce succès enflammant leur audace, elles attaquèrent les Atlantes eux-mêmes : je suppose que ce fut après le naufrage de l'Atlantide, et lorsque les enfans d'Atlas, à peine
revenus de la stupeur que leur avait causé
ce désastre, ne pouvaient opposer à leur
incursion qu'une vaine résistance : il y aurait de la folie à présumer qu'une poignée

de femmes ait vaincu ce peuple belliqueux sous le règne florissant de Neptune ou de ses successeurs.

Myrine commandait les Amazones à l'époque de cette guerre ; et presque tout ce qui me reste à dire sur ces héroïnes n'est que le récit des conquêtes ou des malheurs de cette reine célèbre.

Son armée, composée de trente mille femmes d'infanterie et de deux mille de cavalerie, joignit celle des Atlantes. Le bouclier des Amazones était fait de la dépouille des serpens; leurs armes offensives étaient l'épée et l'arc, dont elles se servaient avec beaucoup d'adresse. Elles combattirent avec tant de courage que les Atlantes furent vaincus: Cercène, l'une de leurs métropoles, fut prise d'assaut et rasée. Ces guerrières, oubliant la sensibilité qui devait être l'apanage de leur sexe, y passèrent au fil de l'épée tous les hommes qui avaient atteint l'âge de puberté, et réduisirent les autres en esclavage, ainsi que les femmes et les enfans.

Cet exploit répandit la terreur : les Atlantes se soumirent, et Myrine, satisfaite de leurs hommages, les traita avec plus

3 *

de douceur ; elle bâtit même sur les ruines de Cercène une ville à laquelle elle donna son nom.

L'envie s'attache presque toujours à la célébrité. Une société de femmes, à peu près semblable à celle des Amazones, s'était formée dans le voisinage de l'Hespérie. Ces nouvelles héroïnes se nommaient les Gorgones : elles étaient puissantes et presqu'aussi nombreuses que leurs rivales. La gloire de Myrine irrita leur reine, qui résolut de l'en dépouiller.

Myrine fut instruite de ses préparatifs ; plus prompte que l'éclair elle vola à sa rencontre, la vainquit dans un combat sanglant, et lui enleva trois mille prisonnières. La reine vaincue s'étaient réfugiée dans une forêt, l'Amazone l'y poursuivit, et comme la clémence n'était pas sa vertu favorite, elle résolut de détruire d'un seul coup et la reine fugitive et les débris de son armée ; elle fit mettre le feu à la forêt, qui heureusement se refusa à servir sa cruauté : les arbres encore verds résistèrent aux flammes, et les Gorgones furent sauvées.

A la nouvelle de cette action barbare,

celles qui étaient prisonnières dans le camp
des Amazones se révoltèrent, et profitèrent
de l'absence des incendiaires pour se venger.
Elles saisirent les armes de leurs gardiennes,
et voulurent les égorger durant leur sommeil.
Les cris des mourantes parvinrent jusqu'à
Myrine, qui vola à leurs secours. Les prisonnières furent enveloppées, et après une
vigoureuse résistance, vaincues et passées,
sans pitié, au fil de l'épée.

Il est à croire que Myrine conclut un
traité avec les Gorgones retranchées dans la
forêt, et qu'elle leur permit de vivre, à
condition qu'elles vivraient ses tributaires.
Quoiqu'il en soit, elles ne paraissent plus
sur la scène du Monde, jusqu'à l'époque où
Persée, fils de Danaé, après avoir tué, de
sa propre main, Méduse leur dernière souveraine, les subjugua, et fit disparaître à
jamais leur nom des pages de l'histoire.

Quant à la reine des Amazones, son règne
fut long et brillant. Elle étendit son empire
des sommets de l'Atlas aux chaînes du Caucase, conquit l'Arabie, la Syrie, et fit alliance avec Horus, fils d'Isis, l'un des pre-

miers rois d'Egypte. On dit même qu'elle
envoya des colonies de femmes s'établir
dans l'Archipel de la Grèce.

Depuis le désastre de l'Atlantide, la Grèce
n'était qu'un amas confus de ruines, sortant
à peine d'un marais fangeux ; cette contrée lui
dut de nouveaux habitans ; elle peupla ses îles
désertes, et nomma l'une d'elles Samothrace,
nom qui, dans la langue des Amazones,
signifiait *Isle sacrée*. Enfin sa sœur, appelée
Mytilène, bâtit une ville dans l'île de Lesbos,
à laquelle elle donna son nom.

Il semblait qu'aucune crainte ne devait
parvenir jusqu'à Myrine, et que son trône,
fondé sur des bases impérissables, était inaccessible aux revers de la fortune ; mais comme
nous l'avons déjà remarqué, ma chère Sophie, il n'y a rien de stable sur la Terre,
et nous serons obligés de revenir souvent
sur cette grande vérité.

La Reine des Amazones accablée de
vieillesse et de gloire, soutint mal ce double
fardeau. Elle vécut trop, et vit, avant sa
mort, ses états ravagés et son empire détruit. Des barbares, sortis du fond de la

Thrace (*a*), l'attaquèrent et la vainquirent :
son trépas, qui arriva sur le champ de bataille, entraîna la perte de ses compagnes,
et la chûte de leur pouvoir; les hommes
reprirent presque par-tout leur ancienne autorité, et le petit nombre d'Amazones qui
survécut, réduit à végéter dans les sables
de la Lybie, s'y éteignit insensiblement.

Outre ces Amazones d'Afrique dont je viens
de parler, on connait encore les Amazones
d'Asie établies sur les bords du fleuve Thermodon (4). Celles-ci furent également célé-
bres par leur courage et leurs exploits militaires. Une de leurs reines, distinguée par
sa valeur, ayant levé une armée toute composée de femmes, la conduisit aux combats
et prit le nom de fille de Mars. Elle remporta
d'abord des succès éclatans et étendit son empire jusqu'aux bords du Tanaïs. Sa fille,
qui lui succéda, marcha sur ses traces et
la surpassa même par ses connaissances militaires; elle traversa le Tanaïs et joignit à
ses états tout le pays qui s'étendait depuis

(*a*) Diodore dit que c'étaient des Scythes, conduits par un chef nommé Sipyle.

ce fleuve jusqu'à la Thrace ; on dit même qu'à son retour en Asie, elle entra dans la Syrie et la soumit à sa domination.

Les reines qui lui succédèrent soutinrent l'éclat du trône féminin, et augmentèrent tellement la puissance des Amazones, que les Grecs en étant devenus jaloux, Euristhée imposa au plus grand héros de ce tems, Hercule fils d'Acmène, l'obligation de détruire leur empire. Hercule obéit : il marcha contre ce peuple de femmes, et les ayant attaquées jusque sur les rives du Thermodon et sous les murs de Themiscyre même, leur ville capitale, les vainquit, prit leur reine Hippolyte prisonnière, et porta ainsi le coup mortel à la nation. Les peuples barbares, que les Amazones avaient jusqu'alors tenus dans la dépendance, profitèrent de cette défaite pour venger leur ancienne injure ; ils fondirent sur elles de toutes parts et détruisirent jusqu'au nom même de leur empire. Leur dernière reine, nommée Penthésilée, obligée de chercher un asile à la cour de Priam, roi de Troye, après avoir vaillamment combattu contre les Grecs qui assiégeaient cette ville fameuse, termina glo-

rieusement sa vie et mourut de la main
du terrible Achille. C'est la dernière des
Amazones dont l'histoire ait conservé le
nom ; la chûte de Troye fut le terme de
leur existence, comme la prise de la reine
Hippolyte avait été le terme de leur gloire.
Les seules Amazones qui survécurent au désastre de la nation s'établirent en Scythie (a).
Voici de quelle manière cet événement est
raconté :

Lorsque les Grecs, conduits par Hercule,
vainquirent les Amazones sur les bords du
Thermodon, ils emmenèrent avec eux, dans
trois vaisseaux, toutes celles qu'ils purent faire
prisonnières. Ces héroïnes, profitant de la
négligence de leurs vainqueurs, s'emparèrent
de leurs armes et les massacrèrent tous.
Malheureusement elles ne connaissaient rien
à la manœuvre des vaisseaux ; elles ne savaient
se servir ni de voiles ni de rames ; après
être échappées à un danger, elles se trouvaient engagées dans un autre : emportées
au gré des vents et des vagues, elles errèrent

(a) Hérodote, liv. 4.

long-tems, et furent enfin jetées par la tem-
pête en un endroit des Palus méotides,
habité par les Scythes.

Là, les Amazones abandonnèrent leurs
navires, et s'emparant à force ouverte des
premiers chevaux qu'elles rencontrèrent,
s'avancèrent, les armes à la main, dans un
pays inconnu. Les Scythes, étonnés à la
vue de ces nouveaux ennemis, dont ils ne
connaissaient ni l'habit ni la voix, s'ima-
ginèrent d'abord que c'était une troupe
d'hommes du même âge ; mais lorsqu'ils
reconnurent que c'étaient des femmes, ils
admirèrent leur vaillance et leur fierté. Jaloux
de les réduire sans être obligés de les combattre, ils s'avisèrent d'un expédient qui leur
réussit. Ils choisirent parmi les jeunes Scythes
les mieux faits, un nombre de guerriers
égal à celui des Amazones, et leur comman-
dèrent d'aller planter leur camp à quelque distance de celui des héroïnes, de les
suivre par-tout, de fuir si elles venaient
à les attaquer, et de s'arrêter aussitôt qu'elles
s'arrêteraient.

Les jeunes Scythes exécutèrent cet ordre
avec tant de bonheur que peu à peu leurs

fières ennemies s'adoucirent ; les camps, d'a-
bord fort éloignés , se rapprochèrent ; tantôt les Scythes traversaient un ruisseau ; tantôt les Amazones descendaient une colline ;
aujourd'hui ceux-là faisaient un pas ; demain
celles-ci en faisaient un autre: cependant l'a-
mour s'applaudissait de voir les deux partis
se tendre alternativement des pièges qui n'é-
taient pas aussi funestes que ceux de la guerre.
Les deux camps devinrent enfin si voisins,
qu'autant valut n'en faire qu'un. On fit disparaître les vaines barrières qui les séparaient
encore pour la forme, et les ennemis, d'amis
devenus amans, d'amans devinrent époux.

Les Scythes ne purent point apprendre le
langage des Amazones, mais les Amazones
apprirent celui des Scythes. Elles persuadèrent
à leurs jeunes époux de demander à leurs
pères la liberté d'aller fonder une colonie
dans une contrée inhabitée de la Scythie.

« Nous ne sommes pas , leur dirent-elles ,
accoutumées à la dépendance et à l'oisiveté
de vos femmes ; il nous serait impossible
de nous accorder avec celles dont les occupations sont si différentes des nôtres ».

Les pères des Scythes approuvèrent ce

projet. La nouvelle colonie s'avança vers le nord de l'Europe et s'arrêta dans un endroit fertile où elle s'établit. Les Amazones, quoique soumises aux lois de l'hymen, ne changèrent pas leur manière de vivre; elles inspirèrent leur fierté à leurs filles, qui, à leur tour, firent passer de génération en génération, avec les vertus de leurs mères, la vénération qu'elles avaient inspiré. Voilà peut-être l'origine de ce respect que les anciens Celtes conservaient pour les femmes, respect dont nous avons hérité pour elles, et qui ne dégénère en galanterie que lorsque celles qui en sont l'objet ne savent pas apprécier tout ce qu'il a de flatteur et de doux, et qu'elles préfèrent à l'éloquence du sentiment le jargon apprêté du bel esprit.

La fin de l'histoire des Amazones est pour nous celle du Monde primitif; l'intervalle immense qui sépare le désastre de l'Atlantide de la fondation des premiers empires connus, n'offre plus qu'une nuit profonde que nous serons obligés de franchir. Peut-être un jour, si tu continue à prendre plaisir à mes leçons, chercherai-je si les annales du Peuple Juif ne m'offriraient pas quelques

matériaux qui me servissent à jeter sur cet
abîme un pont hardi, au moyen duquel je
fisse communiquer les deux Mondes. En
attendant je vais essayer de tenir ma parole
en te conduisant dans Babylone. Regarde,
Sophie, si tu n'es pas trop fatiguée de ce
premier voyage, et si tu te sens la force de
suivre mes pas dans la patrie de Sémiramis.

LETTRE XXXIV.

Premières notions sur l'Assyrie : situation
géographique de cet empire.

EH quoi! Sophie, loin que l'aspect du
voyage que je t'ai proposé t'effarouche, il
semble que tes vœux impatiens accusent la
paresse de ton guide ; tu me reproches un
délai de quelques jours! Tu brûles, me dis-
tu, de te voir dans cette contrée si fertile
en merveilles, dans cette Babylone, où j'ai
promis de te conduire. Ton imagination,
docile au mouvement heureux que je lui ai
imprimé, me devance, et plane déjà sur les
jardins suspendus de Sémiramis ; elle con-
temple cette reine si justement célèbre, assise
sur le trône où l'ont placée le génie et la
beauté. Allons, puisque tu le veux, ne per-
dons point de tems ; ne laissons pas refroidir
cet enthousiasme ; donne-moi la main, et
volons ensemble vers les plaines de l'Assyrie.

Mais avant de quitter le Monde antédiluvien, et de franchir ensemble le torrent
de siècles qui a dû s'écouler entre le naufrage de l'Atlantide et la fondation de Babylone, ramenons un instant nos regards sur
Adim et Evehna, ce couple charmant que
nous avons laissé au milieu d'un monde
solitaire, abandonnant à regret la tombe
sacrée de leur père pour chercher une nouvelle patrie.

Si, fidèles aux ordres du sage Eloïm, ils
ont suivi la chaîne méridionale du mont
Ararat, ils peuvent être parvenus aux limites
de la montagne. Arrivés au sommet du dernier rocher qu'il leur reste à franchir, ils
s'arrêtent, et leurs regards, que rien ne
borne plus, errent sur une plaine immense ;
ils voient avec admiration cette contrée fa-
vorisée de la Nature, où doivent se fixer
leurs pas, et qui doit être l'apanage de
leur nombreuse postérité. L'aspect d'un ciel
pur qui se courbe en voûte au-dessus de leur
tête, celui d'une terre qui semble leur sou-
rire et se parer, en leur faveur, d'une tendre
verdure, les pénètre d'une vive reconnaissance ; ils se prosternent, et offrent aux

Dieux immortels le sacrifice des larmes délicieuses qui, semblables aux gouttes de rosée
qui s'épanchent dans le calice des fleurs,
tombent sur leurs joues vermeilles, et vont
se confondre dans leur sein.

Cette contrée, dont la vue plonge dans
un si doux ravissement ces deux tendres
époux, n'est autre chose, ma chère Sophie,
que l'Assyrie, où j'ai promis de te conduire.
Le même pouvoir qui vient de nous y transporter, va servir à nous la faire parcourir :
car, comme je te l'ai dit autrefois, il est
indispensable de connaître l'habitation avant
de chercher à connaître les habitans (5).

A u tems dont nous parlons, l'Assyrie
était le climat le plus favorisé du globe.
On y jouissait d'un ciel toujours pur, d'un
air toujours doux, d'une nature toujours
riante. Au moment où les premiers hommes
commencèrent à cultiver les terres, un grain
en produisait deux cents, dans les années
communes, et trois cents dans les années
heureuses. (a) Et, si depuis cette époque,
ce climat fortuné s'est dégradé au point de

(a) Hérodote, liv. I.

n'offrir, de nos jours, que des sables arides
qu'agite sans cesse le souffle contagieux des
vents pestilentiels, il faut l'attribuer à l'aug-
mentation graduelle de la chaleur, au desséchement des eaux, et enfin à la nombreuse
population qui, pendant un si long intervalle
de tems, a pesé sur sa surface, et en a
appauvri le sol.

On aurait peine à reconnaître dans les
déserts brûlans de l'IRAK, nom barbare
que les Turcs ont substitué à celui d'Assyrie,
ces plaines délicieuses où Moïse ne craignit
pas de placer son Paradis terrestre, et dont
la vue frappe d'admiration les enfans d'Eloïm.
Adim et Evehna, au moment où je les transporte sur les frontières de ce pays enchan-
teur, peuvent voir, à leurs pieds, l'Araxe
et le Cyrus confondre leurs ondes et rouler
ensemble vers la mer Caspienne; leurs regards peuvent s'étendre, au couchant, jusqu'à ce vaste réservoir que porta dans la
suite le nom de *Pont-Euxin*, et ils ont devant
eux les plaines fameuses qui doivent illustrer
les remparts de Ninive, d'Ecbatane et de
Babylone.

Mais lorsque ces trois villes eurent des

remparts ; il y avait long-tems que les
derniers des Atlantes n'existaient plus. Leurs
descendans, après avoir croupi dans les ténèbres de l'ignorance, commençaient à ressaisir quelques rayons épars des lumières
que leurs ancêtres avaient possédées. Las
de sillonner la terre pour la rendre fertile,
ils avaient appris à fouiller jusque dans ses
entrailles pour en extraire les métaux utiles:
alors une foule d'arts avait pris naissance,
la population s'était accrue, et l'ambition,
germant avec les connaissances, avait créé
de nouveaux empires, tels que l'Assyrie,
proprement dite, la Chaldée et la Médie,
dont les noms tantôt réunis, tantôt divisés,
vont orner les premières pages de l'histoire
du Monde renouvelé.

Ces trois états, qui quelquefois eurent
leurs souverains particuliers, mais qui, plus
souvent, obéirent au même monarque, occupaient cette partie de l'Asie qui s'étend,
du nord au midi, depuis les chaînes du
Caucase et les bords de la mer Caspienne,
jusqu'au désert de l'Arabie et au golfe Persique. Le Tygre et l'Euphrate arrosaient cet
empire dans presque toute sa longueur.

L'Assyrie, proprement dite, était la partie la plus septentrionale de l'empire ; elle était entourée, presque circulairement d'une chaîne de montagnes. L'Araxe, qui coulait au nord, la séparait de l'Arménie. Ninive en était la capitale. Cette belle contrée porte aujourd'hui le nom de *Kurdistan*, et les ruines de Ninive sont ensevelies à peu de distance de Mosul, sous un village appelé *Nino*.

La Chaldée, sous le nom de Babylonie, s'étendait depuis les frontières de l'Assyrie jusqu'au golfe de Perse ; elle était séparée de l'Arabie par une chaîne de montagnes, et de la Médie par le Tygre. La fameuse Babylone en était la capitale. On ne connaît plus la Chaldée que sous le nom d'*Irak-arabique*, et les voyageurs cherchent envain sur les bords de l'Euphrate la place où s'élevait la ville de Sémiramis.

Quant à la Médie, dont la capitale était Ecbatane, c'était la partie de l'Assyrie la plus froide et la plus montueuse : les successeurs de Cyrus y faisaient leur résidence durant l'été, afin d'éviter les trop fortes chaleurs qui commençaient déjà, de leur tems, à se faire sentir à Babylone. La Médie,

4 *

que les Persans désignent aujourd'hui sous le nom d'*Irak-agémi*, était à l'orient de la Chaldée, et confinait avec l'ancienne Arie, que les Orientaux ont nommée *Korosan*. On croit que la petite ville de *Hamedan* repose sur les débris d'Ecbatane.

APRÈS t'avoir donné ces notions géographiques du pays où je t'ai transportée, et t'avoir mise à même d'en vérifier la situation sur les cartes modernes, il est tems de frapper du sceptre historique la cendre des héros qui ont illustré cette contrée, afin de les rendre à la lumière, et de les faire agir de nouveau sur la scène du Monde.

LETTRE XXXV.

Antiquité des Assyriens ; déluge de Xixou-
thros. Oannés. Nimbrod.

TOUS les Peuples de la terre ont mis leur
orgueil à se parer d'une longue généalogie ;
mais celui qui semble avoir surpassé tous ses
rivaux, est sans contredit l'Assyrien. S'il fallait
en croire les anciens Mages de Babylone , il
se serait écoulé près de quatre cent trente-six
mille cinq cents ans, depuis Aloros le premier roi de l'Assyrie jusqu'à nous. Jamais ,
ma chère Sophie, je n'aurais accablé ta mémoire du fardeau de ce calcul hyperbolique,
ni cherché moi-même à le débrouiller , si
je n'eusse entrevu un rayon de lumière qui
pouvait nous aider à percer cette obscurité.

Selon Bérose (*a*), les Assyriens divisaient
le tems en un certain nombre d'époques

(*a*) Dans les fragmens conservées par le Syncelle.
pag. 3o et 38

qu'ils appelaient *sarcs*, et chaque *sarc* était composé de 3,600 ans. Or, comme tous les monumens qui nous restent de ce Peuple ne font mention que de dix souverains qui ont gouverné la Chaldée avant le déluge de Xixouthros, et qu'ils s'accordent tous à donner aux règnes de ces dix monarques une durée de 120 sarcs ou de 432,000 ans, je crois que l'on peut hardiment réduire le sare Chaldéen à 3,600 jours, au lieu de 3,600 ans ; alors les dix règnes ne formeront qu'un intervalle de douze siècles, ce qui ne choquera plus aussi évidemment ni la raison ni les convenances historiques (6).

Ce n'est pas que cette durée de douze cents ans, accordée à dix règnes, ne soit une chose incompréhensible pour nous, dont l'existence éphémère se borne à soixante ou quatre-vingt ans; mais il faut penser qu'à l'époque dont nous parlons, la nature, dans toute sa vigueur, communiquait sa force à tous les êtres, et doublait l'existence des Rois.

En relisant ce calcul, dont je pense que la raison doit s'applaudir, je m'aperçois, ma chère Sophie, que j'ai parlé du déluge de Xixouthros ; ce nom qui n'est pas aussi sonore que ceux d'Adim et d'Evelina que j'ai fait figurer dans le déluge de l'Atlantide, aura sans doute frappé désagréablement ton oreille ; tu attends que je t'explique quel est ce nouveau Noé : ta curiosité va être satisfaite.

Tu sens bien qu'une catastrophe, semblable à celle dont je t'ai présenté l'image, a dû laisser des traces profondes dans la mémoire, des hommes ; aussi trouve-t-on chez tous les peuples le souvenir d'un Monde détruit par une vaste inondation. Comme les Égyptiens avaient le déluge des Atlantes , les Assyriens eurent celui de Xixouthros ; les Scythes, celui du géant Belgemer ; les Grecs, ceux d'Ogygès et de Deucalion. Les Chinois célèbrent encore la mémoire d'un Prince nommé Peyrun , qui échappa seul avec sa famille au naufrage d'une île dans laquelle il régnait (a). Il n'y a pas jusqu'aux Américains qui n'ayent leur déluge des Appalaches ; enfin , personne n'ignore le déluge

_____

(a) Antiquité dévoilée.

des Hébreux, qui, grâce au zèle des mission-
naires, est devenu réellement le déluge universel. Peut-être aurons nous lieu d'examiner la plupart de ces traditions dans le
cours de ces lettres ; je m'attache à celle
qui captive en ce moment ton attention.

XIXOUTHROS, suivant les historiens
de la Chaldée, régnait en Assyrie. Une nuit
qu'il se livrait au repos, Cronos lui apparut,
et lui apprit que la race humaine, proscrite
par les Dieux, allait être ensevelie sous les
ondes. Le monarque, frappé de ce songe,
ordonna, à son réveil, qu'on enterrât dans
la ville du Soleil (a) tous les monumens
littéraires, dont la conservation pouvait être
utile, et fit construire une barque, où il
s'enferma, lui, sa famille et ses amis.

La prédiction de Cronos s'accomplit; le
Monde fut submergé. Le navire qui portait
Xixouthros, après avoir erré long-tems au
gré des flots amoncelés, s'arrêta sur une
montagne de l'Arménie. Le prince y descen-

_____

(a) La plupart des villes anciennes on porté ce
nom.

dit avec une partie de sa famille ; mais à peine eut–il touché la terre qu'il disparut.

Ses compagnons firent son apothéose et prirent ensuite le chemin de la Chaldée. Ils retrouvèrent dans la ville du Soleil les monu-mens historiques qu'ils y avaient enfouis, et relevèrent ses ruines.

Il ne me serait pas difficile de faire accor-der ce récit avec celui qui regarde les en-fans d'Eloïm, mais j'aime mieux laisser à ton intelligence le soin de faire les rappro-chemens.

Tout ce qui précède cette époque et tout ce qui la suit, jusqu'à Bélus qui passe pour le fondateur de Babylone , est d'une obs-curité impénétrable. On voit , long-tems avant Xixouthros , un amphibie nommé Oannès (*a*) , qui sort tout-à-coup de la mer Erithrée et vient, à la tête des Oans , conqué-rir les Chaldéens et leur donner des lois. Cet Oannès , digne d'occuper une place dans les métamorphoses d'Ovide , a deux têtes, dont l'une , semblable à celle d'un homme, rend

---

(*a*) Selon un fragment de Bérose.

des sons harmonieux, et l'autre, qui a la forme d'une tête de poisson, reste muette. Toute la journée il respire l'air et marche sur la terre ; mais dès que la nuit arrive, il se plonge dans les flots, où, semblable au Dieu du jour, il attend le réveil de l'Aurore pour venir au milieu des hommes répandre sa lumière ainsi que ses bienfaits.

Je ne m'appesantirai pas sur ce législateur moitié homme et moitié poisson, dont la voix mélodieuse fait éclore les arts chez un peuple qui n'en a pas encore senti le besoin, ou qui en a perdu l'usage ; tu apercevras facilement, à travers le merveilleux qui couvre cet événement historique, que cet Oannès n'est autre chose qu'un navigateur étranger, qui suivi d'une colonie civilisée, vint s'établir dans un pays encore habité par des Sauvages.

Je ne m'arrêterai pas non plus sur les automates-rois que des chronologistes aussi ennuyeux que savans placent, au nombre de douze, entre Xixouthros et Bélus. La liste de leurs noms, aussi barbares qu'insignifians, fatiguerait ma sœur sans rien ajouter à son instruction (7). J'aime mieux laisser

quelques siècles s'écouler en silence et arriver , sans secousses, jusqu'au tems de Bélus,
que d'avoir à heurter tous les écueils intermédiaires. Ce n'est pas sans craindre de
faire naufrage que j'ai abordé le terrible
Xixouthros, et je ne sais si tu me le par-
donneras ; ce Xixouthros, que j'offre encore
à ton oreille effarouchée , me rappelle le
Wurtz de Boileau :

«... Mais Wurtz.... Ah ! quel héros, quel Hector
que ce Wurtz ! »

Et Wurtz, Boileau lui - même en serait
convenu, n'a rien de comparable à Xixouthros.

Mais, à propos de mots durs , sais - tu
que Bélus, dont la douceur contraste si bien
avec l'âpreté de Xixouthros, Bélus qui doit
me réconcilier avec toi , a été confondu,
par beaucoup d'historiens , avec Nimrod ?
Avec ce farouche Nimrod que Moïse traite
de violent chasseur devant l'Eternel, et qui,
plus orgueilleux que sage, prétendit escalader le ciel, non pas en entassant monts
sur monts, comme les Titans d'Hésiode ,

mais bien en bâtissant , dans la plaine de
Sennaar , une tour superbe, dont le sommet
devait s'élever jusqu'aux nues (a). Cet insensé,
comme tu le sais , ne réussit pas dans son
projet. Dieu , irrité contre lui, mit la confusion parmi ses complices. L'architecte ainsi
que les maçons , après s'être endormis com-
patriotes , s'éveillèrent étrangers l'un pour
l'autre : chacun parlait une langue diffé-
rente ; celui-ci commandait en chaldéen,
celui-là répondait en Arabe ; tel n'entendait
que l'hébreux , à qui l'on s'adressait en grec.
Au lieu de brique, on apportait du sable;
au lieu de sable , on apportait de la brique :
c'était un chaos à faire pitié.

J'espère que tu me saura quelque gré d'avoir
un peu mieux raisonné que ces historiens,
en ne confondant pas Nimrod avec Bélus,
et le ridicule constructeur de la tour de
Babel avec le fondateur de Babylone ; tu
me passeras mon Xixouthros en faveur de
cette nouvelle preuve de mon discernement.

Au reste , je ne répondrais pas que Bélus
ait été le nom primitif du héros dont je

(a) Genes. chap. 10. v. 9.

vais t'entretenir ; il se pourrait fort bien que ce ne fut qu'un surnom flatteur donné par l'enthousiasme des Peuples ; car *Bel*, *Béel* ou *Baal*, dont on a fait Bélus, peut signifier également *Seigneur*, *Roi* et même *Dieu*, dans les langues de l'Orient. Il paraît dériver du mot El, Elos ou Elus, qui, comme nous l'avons vu (*a*), fut le premier nom de Saturne.

(*a*) Fragment de Sanchoniaton conservé par Eusèbe.

LETTRE XXXVI.

Histoire de Bélus et de Ninus son fils.

LES nuages superstitieux que les Prêtres d'Assyrie se plurent à élever autour du berceau de leur premier monarque, tantôt en le donnant comme fils du Soleil, tantôt comme le Soleil lui-même, ont fait révoquer en doute son existence. Quelques historiens, d'après les contradictions frappantes qui se remarquent dans la vie de ce Prince, n'ont point hésité à rayer son nom de la liste des rois de Babylone (*a*); d'autres, plus circonspects, se sont contentés de le faire vivre très-long-tems avant Ninus, dont il fut le père, et lui ont fait épouser Siddah, ou la femme par excellence. S'il est vrai que cette Siddah soit la même

_____

(*a*) Diodore ne fait aucune mention de Bélus. liv. II. parag. 2.

qu'Astarté, la fille d'Ouranos, comme l'ont avancé des savans estimables, et qu'Astarté ne soit autre chose que l'Aphrodite des Grecs, la Vénus des Romains ou la Fréïa des Celtes, il ne serait peut-être pas difficile de prouver qu'il a existé plusieurs Bélus; mais sans chercher à approfondir cette hypothèse qui nous conduirait trop loin, arrêtons-nous sur celui à qui les Assyriens ont donné ce nom, et que l'opinion la plus générale fait vivre environ quatre mille ans avant nous.

Ce Bélus, dont l'origine est d'ailleurs inconnue, fut un grand homme pour son siècle. Soit que le hasard de la naissance ou la force de son génie l'eût placé sur le trône, il montra qu'il en était digne. A son avénement, la Chaldée était encore couverte d'eaux stagnantes, et ses peuples errans étaient sans asile. Il entreprit des travaux immenses pour se créer une patrie et pour en mettre les habitans à l'abri des invasions. Il creusa des lits aux fleuves, établit des canaux qui desséchèrent les marais ; et enfin jeta les fondemens de cette Babylone, qui prépara la grandeur de l'Assyrie.

Comme l'Ouranos des Atlantes, il cultiva l'astronomie, et fit de cette science la base de sa religion. Les Assyriens ne comptaient avant lui que 360 jours pour la révolution apparente du Soleil, il ajouta 5 jours et un quart à ce calcul, de manière que l'année se trouva composée de 365 jours et 6 heures, à peu près comme elle l'est aujourd'hui (a).

Il n'est pas hors de propos de remarquer ici, que la plupart des héros que l'histoire place à la tête des nations, ont mérité leur apothéose par des travaux relatifs au desséchement de la Terre, et que presque tous ont été des Princes astronomes : ainsi chaque pas que nous faisons dans la carrière, ne sert qu'à nous affermir dans notre système de la double organisation du globe.

Afin de mieux observer les astres, dont il sentait la nécessité d'étudier le cours, soit pour appliquer l'astronomie aux travaux de l'agriculture, soit pour acquérir une connaissance plus exacte du tems, Bélus fit élever un supcbre observatoire. Ce mo-

---

(a) L'année est au juste de 365 j. 5 h. 48 m. et 48 s.

nument, qui devint dans la suite un temple
où Bélus lui-même eut à-la-fois un tombeau
et des autels, mérite notre intention, non-
seulement comme le plus ancien du monde
connu, mais encore parce qu'il prête un
nouvel appui à notre chronologie. C'est sur
des briques, conservées dans cet observatoire,
que Callisthène, l'un des philosophes grecs qui
suivirent Alexandre à la conquête de la Perse,
trouva les fameuses tables chronologiques
qu'il envoya à Aristote; ces tables contenaient 1903 ans d'observations astronomiques, et remontaient jusqu'à la naissance
de Bélus (8).

Delile Desale s'est servi de cette ère, qu'il
nomme *Ere de Callisthène*, pour calculer le
tems qui s'est écoulé avant les premières
olympiades. C'est l'ère la plus ancienne, qui
soit fixée d'une manière aussi authentique:
elle remonte, comme je viens de te le dire,
à la naissance de Bélus, et contient, jusqu'à
nous, (*a*) une suite de 4030 années.

Je te donnerai plus loin la description de

_____

(*a*) 1801 de notre ère.

2   5

cet observatoire que des savans, plus religieux que sages, ont confondu avec la tour
de Babel ; je reviens à Bélus lui - même,
dont je vais continuer à crayonner l'histoire.

Comme ce Prince, en donnant aux Assyriens des lois et des connaissances nouvelles,
tendait nécessairement à les élever au-dessus
des peuples voisins, il ne tarda pas à mériter
l'envie, qui s'attache aux vertus et qui les
honore. Un roi d'Arménie, nommé Haïc,
lui déclara la guerre. Bélus se mit en campagne, et après plusieurs victoires signalées,
força son rival à se réfugier avec toute sa
famille au milieu des rochers les plus arides
du mont Ararat. Content de ce succès, et
dédaignant d'exterminer un ennemi qu'il avait
abattu, il reprit le chemin de ses états.

Haïc, furieux de sa défaite, profita de
cette bonté trop facile pour lever une nouvelle armée, et pour revenir à la charge. (a)
Vainement Bélus, afin d'éviter de nouveaux
malheurs, lui fit offrir la paix à des condi-
tions honorables : cet acte de modération

(a) Tous ces détails sont tirés de Moïse de
Chorène. liv. 1. chap. 9

fut regardé comme une preuve de faiblesse, et rejeté par le perfide qui déjà méditait sa vengeance. Au lieu de s'en rapporter, comme la première fois, au hasard des combats, il crut plus simple de terminer la guerre par un assassinat. Il se porta dans un défilé où devait passer Bélus; et au moment où il apperçut ce monarque qui s'avançait à la tête de son armée, il lui lança une flèche qui lui ôta la vie.

A la vue de ce désastre, les troupes assyriennes prirent la fuite. Il n'eût tenu qu'au meurtrier de Bélus d'en faire un grand carnage; mais soit que sa haine se fût assouvie par le trépas de son rival, ou que déjà le remords eût trouvé place dans son cœur, Haïc n'abusa point de sa victoire. Il fit rendre les honneurs funèbres au monarque assyrien, et renvoya même son cadavre embaumé à son fils Ninus, qui lui succéda.

Bélus était âgé de 92 ans lorsqu'il mourut: son règne avait été de 62 ans.

HÉRITIER du trône de son père, Ninus n'hérita point de son amour pour les peuples, ni de son goût éclairé pour les arts. Dévoré

5 *

d'une ambition que rien ne pouvait éteindre, né avec le génie ardent d'Alexandre et de Sésostris, il ne se vit pas plutôt maître de suivre son penchant, qu'il se précipita dans la carrière sanglante des conquérans. A sa voix, qui retentit d'un bout à l'autre de l'Assyrie, les travaux cessèrent, les lois se turent, et grâce à l'enthousiasme belliqueux qu'il souffla dans toutes les ames, au lieu d'un peuple de citoyens paisibles, il vit tout-à-coup son empire hérissé d'un peuple de soldats.

Son premier exploit fut de venger sur Haïc le meurtre de son père. Unissant ensuite la politique à l'audace, il se fortifia de l'alliance des Arabes ; et les ayant incorporés dans son armée, attaqua et vainquit tour-à-tour les peuples de la Chaldée et de la Médie : ainsi l'on peut regarder Ninus comme le premier Monarque assyrien qui ait réuni dans ses mains, les sceptres divisés de l'Assyrie, de la Médie et de la Chaldée.

Aussi barbare que vaillant, jamais il ne pardonnait aux princes assez audacieux pour lui résister : il les faisait crucifier, et réduisait les peuples en esclavage.

En moins de dix-sept ans, Ninus, la
terreur de l'Asie, la soumit presqu'entièrement à ses lois. Tyran des peuples et bour-
reau des rois, c'est ainsi qu'il mérita les
éloges pompeux que les hommes sont assez
inconséquens pour prodiguer à leurs farouches destructeurs.

La Bactriane seule et l'Inde résistaient
encore à ses armes. L'infatigable conquérant
résolut de les joindre à ses autres conquêtes.
La Bactriane, comme la contrée la plus
voisine, fut désignée pour servir la première
de théâtre à ses nouveaux exploits. Il y
marcha, s'il faut en croire Diodore, à la
tête d'une armée qui ne comprenait pas
moins de dix-sept cent mille fantassins,
deux cent dix mille cavaliers, et dix mille
six cent chariots armés de faulx (a).

Oxiarte, successeur de Zoroastre et roi
de la Bactriane, loin de se laisser intimider
par cet appareil formidable, résolut de résister à l'assassin des rois. Il assembla une
armée, bien faible en comparaison de celle

Diodore. lib. II.

de Ninus, puisqu'elle n'était composée que de quatre cent mille hommes, et marcha courageusement au-devant de lui (a).

Ces deux armées, où sans doute les écrivains de l'antiquité ont prodigué les zéros, se rencontrèrent sur les frontières des deux empires. Le choc de ces masses épouvantables, ainsi que tu le présumes bien, dut être terrible. La valeur l'emporta sur le nombre. Les soldats de Ninus furent vaincus. Il paraît seulement que les héros de la Bactriane ne surent point profiter d'une victoire qu'ils n'avaient vraisemblablement achetée qu'au prix des plus vaillans d'entr'eux ; car les vaincus, contre l'ordinaire, poursuivirent les vainqueurs, et après avoir ravagé leurs terres, allèrent mettre le siége devant leur ville capitale, où Oxiarte s'était réfugié avec toute sa famille.

Le siége de Bactres fut long, et cela ne pouvait pas être autrement : le Prince qui commandait dans la forteresse, n'avait d'autre espoir que d'être mis en croix s'il tombait au pouvoir de Ninus.

(a) Diodore. lib. II.

Les assiégés allaient enfin recevoir le prix de leur constance ; le Monarque assyrien, effrayé des murmures de son armée, se disposait à reprendre la route de Babylone, lorsqu'un événement extraordinaire vint changer subitement la face des choses. Une femme, jusqu'alors inconnue, la fameuse Sémiramis parut au camp de Ninus. Elle fit seule ce que deux millions de soldats n'avaient pu faire. Son génie, qui l'appelait au trône, lui en ouvrit les chemins par un exploit qui, après quatre mille ans, fixe encore les regards de la postérité.

Mais avant de parler de cette action mémorable, arrêtons-nous un moment sur l'origine de cette femme célèbre, l'ornement de son siècle et l'orgueil de l'Asie ; voyons comment, née dans un berceau de fougère, elle parvint à s'asseoir sur le trône de Bélus, et porta avec tant d'honneur le sceptre des rois, de la même main que la nature semblait avoir destinée à ne manier jamais que la houlette des bergers.

Et si dans cette entreprise, je me vois forcé à quitter un moment les traces des historiens pour suivre celle des poëtes, pour-

rais-tu m'en savoir mauvais gré ? **Ma sœur**,
sensible à l'honneur de son sexe, serait-elle
fâchée de connaître ce que l'enthousiasme
peut avoir inspiré à ses adorateurs ? En lisant
l'histoire ou le roman de Sémiramis, elle
respirera du fracas des batailles dont les
annales du genre humain ne sont malheureusement que trop remplies, et son imagination se reposera doucement sur des tableaux
plus rians et plus faits pour elle.

LETTRE XXXVII.

SÉMIRAMIS.

NON loin de la ville que les Assyriens appelaient Nin - vah, (*a*) dans un vallon délicieux formé par les hautes montagnes qui séparent l'Assyrie de la Mésopotamie, vivait au siècle de Ninus, un berger nommé Simma. (9) Satisfait du petit héritage que lui avaient laissé ses pères, jamais il ne lui arriva de former des vœux indiscrets. Aimé d'Atossaï , celle qu'il avait choisie pour compagne, estimé des bergers ses voisins , qu'il regardait comme ses frères , riche du lait de ses brebis, il était plus heureux que le fils de Bélus qui, resserré dans un empire immense, en étendait vainement les barrières, et ravageait l'Asie sans pouvoir assouvir son

---

(*a*) Nin-vah est le vrai nom de Ninive.

ambition. Les trésors de Simma étaient ses vertus et son petit troupeau ; son empire, sa cabane rustique et le cœur d'Atossaï. Il ne connaissait d'autres mers que la petite rivière du Gozan, qui coulait auprès de son asile, et d'autre univers que le vallon arrosé de ses ondes. Comme son ame était pure, sa religion était simple. Il adorait le Soleil qui mûrissait ses moissons, et offrait des couronnes de fleurs à la Nayade favorable qui les faisait éclore.

Cette Nayade, que les Syriens nommaient Dercéto, et qu'ils regardaient comme la Divinité protectrice de la contrée, était particulièrement adorée auprès d'Ascalon, où elle avait un temple magnifique. (10) Les bergers du Gozan, trop pauvres pour lui ériger des temples, se contentaient de lui dédier des autels de gazon, qu'ils ornaient de guirlandes de fleurs.

Il y avait sur les bords du Gozan une grotte, dont on n'approchait jamais sans éprouver un saisissement religieux. Un bois touffu de palmiers et de cèdres l'environnait, et s'étendait au loin dans la campagne, tantôt en s'élevant sur le dos des collines, tantôt

en s'abaissant dans le creux des vallées.
C'était là que les Pasteurs venaient le plus
souvent déposer leurs offrandes ; c'était là
qu'ils croyaient que la Nymphe aimait à
recevoir leurs hommages. Jamais ils n'en-
traient dans la grotte, de peur d'y rencontrer Dercéto, et de l'offenser par la témérité
de leurs regards ; ils se contentaient de la
suivre de loin et d'un œil furtif, lorsque
sur la fin du jour ils croyaient l'appercevoir
errant sous des cintres de verdure, se jouant
mollement sur les ondes, ou séchant au soleil
les tresses humides de sa verte chevelure.

UNE nuit que Simma se livrait au repos,
il s'éveilla tout ému d'un songe qu'il venait
de faire. — Atossaï, dit-il à son épouse, la
lune a bientôt parcouru sa carrière depuis
que je n'ai renouvelé les guirlandes de fleurs
que nous avons accoutumé de suspendre aux
environs de la grotte. Sans doute Dercéto
est irritée contre nous. Je l'ai vue durant
mon sommeil, telle que la dépeignent nos
vieux Pasteurs, plus belle et plus brillante
que l'aurore nouvelle. Je l'ai vue entrer dans

cette cabane, avec l'onde d'un faible ruisseau
qui paraissait se détacher du Gozan. Elle
m'a appelé par mon nom : Simma, m'a-t-elle
dit, où sont les fleurs qui doivent orner
mon front maternel? Et comme j'allais m'excuser de ma négligence, elle m'a jeté un
regard qui n'avait rien de sévère. Cependant
le ruisseau qui la portait s'est accru tout-à-
coup, et ses flots débordés ont couvert la
contrée : alors, frappé de terreur, je me suis
éveillé.

Ainsi parla Simma. Atossaï, qui partageait
ses craintes religieuses, se leva dès que le
jour parut, et ayant cueilli les fleurs les plus
odorantes, en tressa des guirlandes artistement nuancées ; son époux les porta lui-
même à la place de celles que le tems avait
flétries ; mais ce fut en vain qu'il espéra,
en remplissant ce pieux devoir, jouir la nuit
suivante d'un sommeil plus tranquille : un
songe plus extraordinaire que le premier vint
encore troubler son repos.

Transporté sur les bords du Gozan, il
lui sembla qu'une main invisible l'entraînait
à travers les ondes, jusqu'aux sources les

plus secrètes de la rivière. Parvenu au fond d'une grotte de stalactites, (a) il vit sur un lit de cristal, au milieu d'une foule de jeunes Nayades empressées à la secourir, cette même Dercéto qu'il avait vue la veille dans sa cabane. Une légère teinte de douleur répandue sur le visage de la Déesse, donnait à l'ensemble de ses traits un charme plus touchant. «Approche, Simma, lui dit-elle, en étendant vers lui sa main d'albâtre, approche, et reçois le dépôt précieux que ma tendresse daigne te confier.» A ces mots, l'une des Nayades présenta au berger un enfant nouveau né, dont les paupières débiles étaient encore fermées à la clarté du jour. « C'est ma fille, continua la Déesse; élève-la comme la tienne propre, et donne-lui le nom de sa nourrice ».

Pénétré de respect, Simma tendit les bras pour recevoir ce gage de la bonté divine; mais à peine l'eut-il reçu, que tout disparut à ses regards. Il ne vit plus à la place de l'enfant qu'il croyait tenir, qu'une colombe plus blanche que la neige, qui croissant à

(a) Sorte de pétrification formée par les eaux.

vue d'œil, s'échappa de ses mains, et s'élançant dans les airs, y déploya des ailes immenses, dont elle voila le Soleil et couvrit toute la surface de la Terre.

Simma, après qu'il eut raconté ce rêve à sa fidelle Atossaï, lui dit : « Dercéto, qui nous aime, exige sans doute de nouveaux sacrifices. Je me rappelle qu'un jour, étant allé à Nin-vah échanger contre un soc d'airain la toison la plus fine de nos brebis, je vis offrir, sur l'autel de Mylitta (a), une colombe semblable à celle que j'ai vue en songe. Mylitta protége Nin-vah, comme Dercéto protége notre cabane ; elles ont toutes deux même pouvoir ; elles demandent même offrande. Dès que le jour paraîtra, nous irons ensemble sous le bosquet des rosiers, où je sais qu'une colombe a déposé ses tendres œufs ; tu m'aideras à la surprendre, et lorsque nous l'aurons attrapée, nous l'immolerons sur l'autel de gazon qui s'élève auprès de la grotte sacrée ».

Atossaï, quoique ce sacrifice coutât beaucoup à sa sensibilité, n'osa point le contre-

___

(a) La Vénus des Assyriens.

dire. Dès que les premiers rayons de l'aurore vinrent éclairer sa cabane, elle suivit son époux, qui s'achemina vers le bosquet des rosiers.

En y arrivant, Simma apperçut la tourterelle, dont il avait parlé, sur une touffe de roses qu'elle paraissait effeuiller de son bec. Alors il s'arrêta et fit signe à Atossaï de marcher avec précaution : elle obéit. Effleurant à peine le gazon matineux, elle s'avance d'un pied léger ; arrive auprès des rosiers, en écarte doucement les rameaux, étend le bras, ouvre la main ; mais au moment où elle croit la refermer sur sa proie, l'oiseau prend son essor. Elle jette un cri, et suit des yeux la colombe, qui voltige un instant sur sa tête, et va se percher, non loin delà, sur la branche flexible d'un palmier.

Témoin de l'accident qui vient d'arriver à sa compagne, Simma accourt ; il suit la colombe fugitive, s'approche d'elle avec confiance, et s'élevant sur la pointe du pied, s'attache d'une main au tronc du palmier, tandis que de l'autre il cherche à la saisir ; mais il n'est pas plus heureux qu'Atossaï.

La colombe rebelle, qui d'abord avait paru ne pas l'apercevoir, déploye soudain ses ailes d'albâtre et s'envole loin de lui.

Envain le couple pastoral a recours à tous les moyens que lui suggère son adresse : la colombe échappe sans peine à ses piéges et met en défaut son agilité. On dirait qu'elle cherche moins à éviter les deux époux qu'à se jouer de leur inquiétude. Jamais elle ne s'envole à une distance assez grande pour leur ôter tout espoir. Si quelquefois elle disparaît, soit en s'élevant dans les airs, soit en s'abaissant avec rapidité derrière des tertres fleuris ou des arbres touffus, c'est pour revenir un instant après jouir de leur surprise et ranimer leurs desirs en bravant leurs efforts.

Ils la suivent de boccage en boccage, et bientôt ils s'éloignent du bosquet des rosiers où ils croyaient terminer leur course matinale, et des rives mêmes du Gozan. Il y avait long-tems qu'ils marchaient ainsi, au gré de leur capricieuse conductrice, lorsqu'ils s'aperçurent enfin qu'ils étaient seuls, éloignés de leur cabane et presque égarés au milieu d'un désert sauvage.

Le Soleil, parvenu au sommet de sa carrière, inondait l'Univers de rayons embrâsés;
les oiseaux, cachés sous les rameaux immobiles, se taisaient, et les fleurs, abandonnées
du zéphir, languissaient tristement couchées
sur le sable brûlant. Simma et Atossaï,
épuisés de fatigue, allaient renoncer à leur
vaine espérance ; déjà ils cherchaient à retourner sur leur pas, lorsque la colombe,
dont ils suivaient, sans dessein, le vol in-
constant, s'abattit tout-à-coup sur un bosquet
de myrte, où elle disparut à leurs yeux.

Les deux époux, plutôt pour y jouir d'un
moment de repos, que pour y tenter un
effort inutile, s'approchèrent de ce bosquet
dont l'ombrage leur promettait du moins
un asile contre la chaleur du jour ; mais
comment exprimer la surprise dont ils furent
saisis ! Comment retracer le spectacle intéressant dont la colombe, qu'un pouvoir
suprême avait guidé sans doute, les rendit
témoins ?

Sous une voûte de verdure, formée des
rameaux entrelacés d'un myrte et d'un lau-
rier, dans un berceau artistement tressé de
branchages flexibles, un enfant plus beau

2   6

que l'amour reposait, mollement étendu , sur
un lit de fougère et de roses. Le doux sommeil flottait sur ses paupières , et sa bouche
entr'ouverte laissait échapper une haleine ,
que le zéphir amoureux confondait avec le
parfum des fleurs. A la tête du berceau ,
deux colombes agitaient doucement leurs aîles
rafraîchissantes , tandis qu'à ses pieds deux
tourterelles attendaient l'instant de son réveil
pour lui donner sa nourriture accoutumée.

A la vue de ce prodige , Simma et Atossaï
tombent à genoux , et les bras étendus ,
adorent Dercéto qui a guidé leurs pas. Cependant , au cri d'admiration qu'ils n'ont pû
retenir , l'enfant se réveille et s'agite dans
son berceau ; les deux colombes, qui le ra-
fraîchissent du vent de leurs aîles, avertissent
par un tendre roucoulement leurs compagnes
de venir au secours de leur nourisson ; et celles-
ci , comme si elles eussent compris le signal , s'empressent d'unir leur bec à ses
lèvres enfantines, et versent dans sa bouche
le lait qu'elles ont eu l'adresse de dérober
aux bergers d'alentour , en observant le
moment où ils s'éloignent après avoir trait
leur brebis.

Les deux époux restaient immobiles d'étonnement ; ils se sentaient pénétrés d'un respect religieux ; enfin Atossaï rompit le silence : « Ce n'est pas envain , dit-elle, que nous avons quitté notre cabane pour obéir aux ordres de la Déesse ; je vois dans ce berceau la véritable colombe dont nous devons nous emparer ; non pour l'immoler inhumainement sur son autel , mais , au contraire, pour lui consacrer nos jours. Je sens mon cœur ému d'un sentiment inconnu; quelque chose de plus tendre que la pitié , le presse , et remplit mes yeux de larmes délicieuses. Viens, mon ami, prenons cet enfant et qu'il devienne le nôtre ». En parlant ainsi elle se jeta dans les bras de son époux qui la serra affectueusement contre son sein. « Oui, répéta-t-il après elle, oui, prenons cet enfant et qu'il devienne le nôtre. C'est la Déesse elle-même qui t'inspire; voilà sa fille qu'elle daigne nous confier ».

Ils s'avancent, à ces mots, vers l'enfant qui sourit à leur approche et leur tend ses petits bras. Les colombes , sans paraître effarouchées, se perchent sur les arbres voisins. Alors Atossaï prend le berceau, et voyant

6*

que l'enfant qu'il contient est une fille , la nomme Sémiramis , du nom de sa nourrice (*a*).

Fiers de ce fardeau précieux , et le cœur rempli d'une douce joie , Simma et Atossaï prirent le chemin de leur cabane. A leur arrivée , ils choisirent dans leur troupeau la brebis la plus belle , dont ils destinèrent le lait à l'enfant de leurs soins. Cependant cette aventure se répandit et devint , en peu de jours , la nouvelle du vallon. Les bergers accoururent en foule pour voir la jeune Sémiramis. Sa rare beauté , plus encore que sa naissance merveilleuse , leur persuada qu'elle était la fille de Dercéto. Ils le crurent d'autant plus aisément qu'ils trouvaient du plaisir à le croire ; ils lui rendirent des hommages, d'autant plus faciles, que ces hommages n'étaient pas commandés par la crainte ; et lorsque l'âge , en développant ses grâces, orna des fleurs du printems les formes de l'adolescence , qu'il anima d'un feu plus vif

---

(*a*) Sémiramis , en syriaque , signifie colombe, (Diod. liv. II.)

ses yeux qui semblaient présager sa brillante destinée, et qu'enfin il jeta sur ses attraits le voile fortuné de l'amour, ce fut sans peine que les jeunes bergers des environs reconnurent une Déesse.

LETTRE XXXVIII.

Premières occupations de Sémiramis : elle sauve la vie à Menonès , gouverneur de Syrie.

LA fille de Dercéto avait à peine quinze ans , et déjà elle était la beauté la plus accomplie de l'Orient ; mais semblable à la rose brillante, que le zéphir n'a fait éclore que pour fleurir inconnue sous un ciel solitaire et y exhaler, dans le vague des airs, ses parfums les plus doux , Sémiramis paraissait destinée à languir parmi des bergers , et à voir flétrir sans honneur les grâces dont l'avait ornée la nature.

Le cristal mobile des ruisseaux lui avait appris qu'elle était belle, et l'amour-propre, croissant avec ses charmes , lui avait inspiré une noble fierté. Vainement les plus beaux pasteurs s'étaient flattés de la rendre sensible ; elle les avaient tous rebutés par ses dédains. Elle fuyait leurs jeux, leurs danses rustiques ; elle ne se mêlait point aux autres bergères , lorsqu'aux premiers jours de la lune , elles allaient visiter la grotte sacrée et la décorer de guirlandes de fleurs. Elle suivait à l'écart la foule joyeuse qui frappait les échos de ses chants mélodieux, et attendait que la nuit , en rappellant les pasteurs dans leurs cabanes, lui laissât la liberté de présenter seule ses hommage à la Déesse. Alors, elle osait franchir le seuil de la grotte et pénétrer jusqu'auprès de la statue, artistement travaillée en bois de cèdre. Tranquille, et loin d'y éprouver cette horreur religieuse qui en écartait les timides bergers , elle prenait plaisir à respirer l'air qui remplissait ce lieu saint et à se pénétrer de la divinité qui l'habitait.

— O ma mère! disait-elle souvent en se jetant à genoux ; ma mère , s'il est vrai que je puisse vous donner un nom si doux , et qu'un vain prestige n'ait pas abusé le crédule Simma, à quel sort avez-vous destiné votre fille ? Le bonheur habite ce vallon ; tout, jusqu'aux fleurs qui y croissent sans culture, en porte l'empreinte enchanteresse : les bergers le trouvent dans leurs travaux , les bergères , dans les soins qu'elles donnent à

leurs brebis ; le jour, la nuit, chaque instant le promet ou le donne : moi seule
j'en suis privée. Une inquiétude, dont je
ne saurais définir la cause, m'agite ; le
désir vague d'une félicité que je ne connais
pas empoisonne celle qui m'entoure et me
la rend insupportable. Ce qui occupe les
autres ne m'attache pas ; ce qui les délasse
me fatigue. Si je conduis les troupeaux de
Simma, je les laisse égarer; si Atossaï m'ordonne de prendre son fuseau, j'obéis avec
répugnance et ma maladresse l'afflige. Hélas!
suis-je donc destinée à paraître haïr ceux
que j'aime, et mon cœur, qui aurait tant
de plaisir à être reconnaissant, est-il formé
pour l'ingratitude ? Depuis que ce vieux
pasteur, revenu de Nin-vah, m'a raconté
les merveilles qu'il a vues dans cette ville,
mon ame emportée loin de moi, plane dans
un autre monde. L'arc, les flèches, les javelots, qu'il en a rapportés occupent toutes
mes pensées; je ne vois plus que la pompe
qu'il a étalée à mes yeux; je n'entends plus
que le tumulte dont il a frappé mes oreilles.
Étrangère autrefois dans ce vallon, j'y suis
maintenant prisonnière. Les champs n'ont

plus pour moi de verdure ; les fleurs plus
d'éclat ; la nature entière a perdu tous ses
charmes. O ma mère ! pourquoi souffres-tu
que j'y languisse encore, puisque tu as permis que le voile de l'illusion qui captivait
mes sens s'évanouit ? Transporte ta fille dans
des lieux plus dignes d'elle ; où si tu l'as
condamnée à végéter dans ces déserts, éteins
du moins, avec la flamme qui la dévore,
le souvenir qui la tourmente ; qu'elle ou-
blie son origine orgueilleuse ; qu'elle cesse
de t'appeler sa mère, et qu'elle apprenne,
en recevant les desirs modestes d'Atossaï,
à goûter le même bonheur.

Après avoir parlé de la sorte, Sémiramis
reprenait tristement le chemin de la cabane
de Simma ; la même inquiétude qui l'avait
poursuivie durant le jour s'attachait à ses
pas, et lorsque le Soleil venait appesantir
ses paupières, elle se glissait jusques dans
ses songes et se reproduisait sous mille formes
phantastiques.

Cependant le trouble qui obsédait la jeune
bergère lui faisait chercher la solitude : ce
n'est qu'en fréquentant les sites les plus sauvages, en se livrant aux exercices les plus

pénibles qu'elle parvenait à arrêter l'essor de son imagination et à rétablir le calme dans ses sens.

Après avoir long-tems désiré posséder les armes que le vieux pasteur avait rapportées de Nin-vah, elle était enfin parvenue à les obtenir. Le carquois retentissant sur l'épaule, l'arc et le javelot à la main, elle franchissait les vallées profondes, gravissait les rochers escarpés, et s'enfonçait, sans crainte, dans les enfractuosités des montagnes. Souvent elle surprenait le sanglier féroce attaché sur sa proie, et lui faisait mordre la poussière; souvent elle attaquait, jusques dans leurs repaires, les tigres altérés de sang, et les perçait de ses flèches rapides. Bientôt sa force égala son adresse, que rien ne pouvait surpasser.

A voir cette beauté si tendre braver les ardeurs du Soleil, l'aspérité des monts, la rapidité des torrens, poursuivre les hôtes farouches des forêts, les atteindre, les frapper d'un trait toujours inévitable, on l'eût prise pour Diane, parcourant les déserts de la Thrace, si Diane eût été aussi jeune, aussi belle et sur-tout aussi sensible qu'elle.

Vainement Simma et Atossaï essayèrent
de ramener l'enfant de leurs soins à des
exercices plus doux ; ils furent obligés de
céder au penchant irrésistible qui l'entraînait.
Les Pasteurs qui d'abord l'avaient blâmée,
regardèrent bientôt Sémiramis comme la
Divinité protectrice de la contrée. A celui-
ci , elle rendait la brebis la plus belle de
son troupeau ; à celui-là , elle ramenait un
agneau chéri. Une fois un berger, égaré dans
un rendez-vous solitaire , lui dut le salut de
son amante ; une autre fois une mère éplorée
reçut d'elle le plus aimé de ses fils : ainsi
elle acquit des droits aux sentimens les plus
doux , à ceux qu'inspirent aux cœurs recon-
naissans la nature et l'amour.

UN jour que l'ardeur de la chasse l'avait
entraînée plus loin que de coutume, elle se
trouva sur les bords du Gozan, à l'endroit
où cette rivière, resserrée entre deux montagnes, se précipite de roche en roche, et
roule avec fracas ses flots écumans sur un
lit tortueux et semé de précipices. L'aspect
de ce lieu sauvage qui la flatte , engage la
bergère à s'y arrêter. Elle détache son car-

quois, et le suspend avec son arc aux branches desséchées d'un Larix (*a*) qui croissait
avec peine dans ce désert aride ; ensuite,
ayant fiché son javelot dans le sol pierreux
de la montagne, elle reposes sa tête sur le
tronc de l'arbre qui porte ses armes, et
s'y endort.

Il y avait quelque tems qu'elle se livrait
au sommeil, lorsqu'un bruit imprévu vint
troubler son repos. Elle se lève vivement,
regarde et voit sur les rives opposées du
Gozan, un homme qui lutte contre deux
lions affamés de carnage. Un coursier couvert de morsures, étendu sur la terre sanglante, atteste la férocité des deux animaux
et la longueur du combat. Un glaive brille
encore dans les mains de l'étranger ; mais
un malheureux hasard le dirige contre une
pointe de rocher, il s'y brise. L'infortuné
n'a plus d'espoir que dans la fuite. Il essaie,
en reculant, de se rapprocher du fleuve, et
lorsqu'il y est parvenu, il lance le tronçon
de son glaive et se précipite dans les flots.

(*a*) Arbre résineux qu'on nomme aussi meleze.

L'un des lions reçoit le fer, et tombe en poussant des rugissemens affreux que répètent et prolongent les échos du désert ; mais l'autre, les yeux attachés sur sa proie, la suit le long du rivage. Cependant l'inconnu, après avoir atteint le fond, reparaît sur l'onde et la fend d'un bras vigoureux ; il s'abandonne d'abord au courant, ensuite il cherche à atteindre l'autre rive. Mais, Dieux ! quel est son désespoir, lorsqu'au moment de prendre terre, il apperçoit un tigre énorme qui l'a suivi de roche en roche, et qui l'attend pour le dévorer ! A l'aspect du lion furieux qui dresse, d'un côté, sa crinière sanglante, et du tigre irrité qui le menace de l'autre, il reste sans force ; son sang se glace ; ses bras ne le soutiennent plus ; il tombe : l'onde le couvre et l'entraîne.

Mais Sémiramis n'a point attendu ce moment extrême pour voler à son secours. Dès qu'elle a été réveillée par les rugissemens du lion, elle a saisi son javelot ; elle s'est élancée vers le lieu du danger. Vainement les rochers et les précipices se sont-ils opposés à sa marche ; elle arrive. Le tigre, averti par le bruit de ses pas, se retourne

et laisse pour elle la proie incertaine qui
flotte dans le fleuve. Déjà il ouvre une gueule
enflammée, et croit déchirer les membres
délicats de la beauté qui s'avance. Un trait,
plus rapide que la pensée, l'atteint et l'attache à la terre; il pousse un cri, se débat
et meurt. Sans perdre un moment, elle se
jette dans les flots, saisit le malheureux
étranger, et le ramène à bord, privé de
connaissance.

L'inconnu, à qui la compatissante bergère
prodiguait ainsi ses secours, était le puissant
Ménonès, l'un des favoris de Ninus, chef
du conseil de ce Monarque, et gouverneur
de la Syrie. Ninus l'envoyait aux environs
du Liban pour y lever de nouvelles troupes
dont il avait besoin. Ménonès, qui avait cru
pouvoir traverser sans guides les montagnes
de la Mésopotamie, s'était égaré; il y eût
péri, victime de son imprudence, sans les
soins de la jeune héroïne, qu'il était peut-
être digne de rencontrer.

Il serait difficile d'exprimer sa surprise
au moment où, rouvrant les yeux, il vit,
au lieu du tigre féroce dont il se croyait
devenu la proie, la beauté la plus tendre

occupée à le secourir. L'onde, qui avait mouillé les vêtemens de Sémiramis, trahissait les formes enchanteresses de sa taille élégante ; ses longs cheveux, collés sur sa peau d'albâtre, ne voilaient plus les trésors de son sein, et ses bras arrondis par les grâces soutenaient la tête défaillante de Ménonès, sur qui elle fixait des yeux charmans, que l'action généreuse qu'elle venait de faire remplissait d'une douce flamme.

« O Nymphe de ce désert, dit-il ; Nymphe secourable, qui daignez me rappeler à la vie, apprenez-moi sous quel nom vous voulez être adorée, et dans quels lieux je dois vous dresser des autels ; si pourtant vous refusez des vœux plus tendres, et l'hommage d'un cœur que vos charmes ouvriraient sans peine à de plus doux sentimens !

Ménonès, en parlant ainsi, avait saisi une main de Sémiramis qui, les yeux baissés, cherchait à réparer de l'autre le désordre où l'avait jetée une précipitation nécessaire. Ménonès, dans la vigueur de l'âge, unissait aux grâces d'un bel homme, un air de grandeur et de dignité qu'elle n'avait encore vu à aucun berger des environs ; ses habits,

couverts de riches ornemens, annonçaient,
malgré l'algue et le limon dont ils étaient
souillés, le rang élevé de leur possesseur ;
mais la passion dominante de la fille de
Dercéto était l'ambition ; l'amour avait peu
de prise sur cette ame impétueuse et fière.
La brusque déclaration du favori de Ninus
ne frappa son imagination que du côté qu'elle
offrait de plus brillant. Le cœur tranquille
et le front serein, elle retira sans hauteur
sa main qu'il cherchait à retenir, et se contenta de lui répondre qu'elle n'était qu'une
simple bergère, accoutumée dès l'enfance
à vivre dans ces déserts, et à y combattre
les bêtes féroces ; qu'elle se trouvait heureuse du hasard qui avait couronné ses efforts;
mais qu'elle ne méritait nulle reconnaissance
pour une action qui lui était naturelle. Ensuite, comme Ménonès paraissait avoir besoin
de réparer ses forces épuisées, elle le conduisit à la cabane de Simma.

LETTRE XXXIX.

Sémiramis épouse Ménonès.

SIMMA reçut le favori de Ninus avec une simplicité affectueuse qui le charma, et Atossaï eut pour lui ces soins délicats et tendres, que le respect et la politesse affectée des cours imite quelquefois, mais ne remplace jamais. Ménonès, quoiqu'élevé aux pieds du trône, où chacun ne rampe aux yeux du maître que pour acquérir le droit de s'élever avec plus d'audace aux regards du peuple, avait conservé une ame également éloignée de la servitude et de l'orgueil; né avec un cœur sensible, il n'avait point prostitué ce don précieux de la nature. Le service important que lui avait rendu Sémiramis, quoiqu'il n'eût pas été perdu pour la reconnaissance, n'était pas ce qui l'affectait davantage; les charmes de cette étonnante bergère, plus encore que

2   7

son courage intrépide excitaient son admiration : la vue de tant de grâces et de vertus
réunies l'avait frappé d'un trait, d'autant plus
inévitable , qu'il était moins préparé à le
recevoir. Ménonès , enfin, éprouvait tous les
feux du véritable amour. Grace aux confi-
dences de la bonne Atossaï , à peine eut-il
appris les merveilles qui avaient entouré le
berceau de cette beauté si chère aux colombes
du désert , qu'il se regarda comme l'époux
fortuné à qui le ciel l'avait réservée. Fier
d'avoir à réparer à-la-fois les injustices du
sort et celles des hommes , il n'hésita point
à s'adresser à Sémiramis elle-même.

« Je vous dois la vie, lui dit-il , mais la vie
me serait un fardeau insupportable s'il fallait la
passer loin de vous. Achevez votre ouvrage ;
donnez-moi un bien plus cher que l'existence,
un bien que la mort même ne saurait me ravir , le titre de votre époux. Ce titre , si
vous y joignez le don de votre cœur , me
sera plus cher que tous ceux dont Ninus a
payé mes services. Si les appas les plus tendres désignent un cœur sensible , si les vertus les plus généreuses sont la marque d'une
ame fière , Sémiramis doit être à-la-fois

l'ornement et l'orgueil de son sexe; mais
soit que l'amour ait seul des charmes pour
elle, soit que l'ambition parle seule à son
ame, qui l'aimera jamais autant que je l'aime?
Qui la rendra plus puissante que moi? Une
fois parée du titre de mon épouse, vous
régnerez dans ma maison, où tout vous sera
soumis. Vos rivales deviendront vos esclaves.
Vous verrez à vos pieds les puissans de
l'Etat. Un regard fera mon bonheur; un seul
mot réglera le destin de l'empire. Ce rang
qui convient à la fille d'une Déesse, est le
seul qui soit digne de vous. Quittez ce réduit
sauvage, dont l'ombre envieuse a trop long-
tems voilé vos attraits; ne vous dérobez
plus à l'adoration des mortels; venez, et
que ma main vous place avec orgueil sur la
scène du Monde. »

Sémiramis garda un moment le silence;
ensuite fixant sur Ménonès des yeux remplis d'un éclat extraordinaire: « Votre offre
me flatte, lui dit-elle, c'est la seule que la
fille de Dercéto puisse écouter sans dédain
et accepter sans rougir; mais prenez garde
que la reconnaissance ne vous égare, et lisez

7 *

dans mon cœur avant de céder au transport
du vôtre. Souvent les bergers du vallon
m'ont parlé d'amour, et jamais je ne les ai
compris. Ce sentiment dont on vante la
douceur m'est inconnu. Je viens d'éprouver,
en vous écoutant, qu'il n'en est pas de même
de l'ambition. Le tableau que vous m'avez
présenté a frappé vivement mon imagination.
J'ignore si l'amour a des flammes plus vives,
s'il inspire des desirs plus impétueux ; ce
que je crois certain, c'est qu'il ne saurait
remplir l'ame d'un sentiment plus grand,
plus généreux ni plus sublime. Voilà quelle
est Sémiramis. Ne vous attendez point à
posséder un cœur que la gloire occupe sans
partage. Elle ne peut répondre à votre amour
qu'en se rendant digne de l'avoir inspiré,
et mériter le rang que vous lui offrez, qu'en
l'honorant de quelques vertus. »

Ménonès, surpris de trouver tant d'éloquence et de grandeur d'ame dans un âge
si tendre, se jeta aux genoux de la bergère,
en lui donnant le nom de son épouse. Il se
flattait intérieurement que le tems changerait
en sa faveur ce caractère ardent, et que

l'amour, qui ne perd jamais ses droits sur le cœur des mortels, se glisserait tôt ou tard dans celui de Sémiramis.

Simma et Atossaï, charmés de voir l'enfant de leurs soins parvenu au comble de la gloire, firent avec joie les apprêts de son hyménée. Ce fut auprès de la grotte même de Dercéto, sur un autel de gazon, que les deux amans prêtèrent le serment sacré qui devait les unir à jamais. Tous les bergers, toutes les bergères des environs s'y étaient réunis. Ils chantèrent en chœur l'épithalame champêtre, et offrirent au Ciel du lait, des fruits et des fleurs nouvelles. La fortune brillante de Sémiramis, loin d'exciter leur jalousie, ne leur paraissait que le moindre prix de ses attraits et la juste récompense de ses vertus. Après que les plus anciens Pasteurs, retirés à l'écart, eurent invoqué le Soleil, et que les épouses déjà mères eurent adressé à Dercéto des prières secrètes pour le bonheur de sa fille, la foule rustique se réunit autour d'une table, où la bonne Atossaï avait prodigué les mets et les fruits savoureux.

Cependant Ménonès, après avoir passé quelques jours parmi les Pasteurs du Gozan, songea à continuer sa route. Le devoir l'appelait en Syrie. Il s'y rendit avec sa nouvelle épouse. Simma et Atossaï, à qui il offrit vainement de changer pour un palais somptueux leur modeste cabane, ne voulurent point abandonner le chaume qui leur avait prêté si long-tems le bonheur, et leur fille adoptive ne les quitta pas sans verser des larmes. La foule des bergers l'accompagna jusqu'aux limites de la vallée; ils ne cessèrent de faire retentir les airs de leurs acclamations que lorsqu'ils l'eurent tout - à - fait perdue de vue, et que leurs chants ne frappèrent plus que les échos solitaires.

Obligé de parcourir les deux chaînes du Liban, et de ramener sous le joug des peuples indociles, le favori de Ninus eut tout lieu d'apprécier le trésor inestimable dont l'hymen l'avait rendu possesseur : éclairé par la sagesse de Sémiramis, soutenu par son courage, tous les obstacles s'applanirent devant lui. Il revint à Nin-vah couvert de gloire, et vit avec joie le

Monarque assyrien redoubler pour lui d'affections. Ménonès eût été heureux , s'il avait
pu résister aux atteintes de la passion la
plus funeste ; s'il avait pu étouffer la jalousie,
ce fruit amer de l'amour , et qui en empoisonne les plus douces jouissances.

———

LETTRE XL.

Prise de la citadelle de Bactres. Ninus couronne la fille de Dercéto, reine d'Assyrie.

L'HABITUDE que Sémiramis acquit en Syrie, de vivre au milieu des camps, développa dans son ame les germes féconds que la nature y avait jetés ; elle apprit avec le métier de la guerre, l'art, plus difficile encore, de commander aux hommes. Son époux ne tarda pas à s'appercevoir du penchant qui l'entraînait vers la domination; il craignit, avec raison, que ses charmes ne lui suscitassent une foule de rivaux puissans. Afin d'éviter le malheur de la perdre, il conçut le projet insensé de la cacher à tous les yeux ; il fit de son Palais une espèce de prison, où Sémiramis, renfermée au milieu d'une foule d'esclaves, jouissait de tout, excepté de la liberté. Attentif à prévenir ses moindres desirs, il redoublait pour elle d'égards et de soins empressés ; il imaginait tous les jours des fêtes nouvelles, et cher-

chait à la distraire par tous les moyens que
le luxe met en usage dans les serails des
monarques de l'Orient. Mais l'ame ardente
de Sémiramis ne pouvait être circonscrite
dans le cercle étroit ou languit l'ame en-
gourdie d'une esclave favorite. Étrangère à
toute espèce de contrainte, elle ne vit bientôt, dans les attentions de son époux, que
des piéges tendus à son indépendance, et
dans les respects de ses esclaves que l'ironie
amère d'un peuple de tyrans.

« Fatal Amour, disait-elle quelque fois,
qu'ils sont aveugles ces frivoles mortels qui
t'adorent comme le Dieu du bonheur! Non
content de déchirer les cœurs soumis à ton
empire, tu poursuis encore ceux qui savent
s'y soustraire. Jamais je n'ai fléchi le genou
devant toi ; jamais tes feux, que je mé-
prise, n'ont effleuré mon ame ; et cependant
il faut que je périsse ta victime. L'ingrat
Ménonès invoque ton nom ; il m'aime, dit-
il, et il m'accable de chaînes ; il m'aime,
et il exerce sur moi la plus affreuse tyrannie :
je suis dans son palais et la Déesse qu'il
adore et l'esclave qu'il outrage. Mais je
saurai briser ce joug odieux ; la fille de

Dercéto ne languira pas long-tems dans cet
état de servitude et d'opprobe. Quelques
soient les malheurs qui en puissent résulter,
je franchirai cette enceinte funeste. Ces
malheurs, fatal Amour, seront ton ouvrage,
et mon époux ne pourra les imputer qu'à
toi. »

Les années s'étaient écoulées rapidement ;
déjà, depuis son hyménée, Sémiramis avait
donné deux fils à son époux (a), lorsque
Ninus conçut le dessein de porter la guerre
dans la Bactriane. Ménonès, obligé de
suivre l'ambitieux monarque, resta long-
tems éloigné de son épouse : il était dévoré
du desir de la revoir. Le siége de Bactres
qui traînait en longueur lui suggéra un
moyen, dont le succès répondit d'abord à
son attente. Il sortit en secret du camp
des Assyriens, et vint à Nin-vah, sans
que personne soupçonnât son voyage ; mais
Sémiramis, que sa jalousie retenait captive,
profita de cette circonstance pour recouvrer
sa liberté.

Instruite de l'état du siége et de la situa-

(a) Diodore les nomme Hipathès et Didaspes.

tion de l'armée, elle vit qu'on pouvait, avec de l'audace, escalader les murs de la citadelle, que les assiégés négligeaient de garder, à cause qu'ils la croyaient inaccessible ; et dès ce moment elle se promit la conquête de Bactres.

Elle ne témoigna rien de son projet à son époux ; mais une nuit que le sommeil l'enchaînait dans ses bras, elle se revêtit silencieusement de ses habits guerriers, et sortit du palais, sans que les gardiens conçussent le moindre soupçon. Elle franchit, avec une rapidité incroyable, les campagnes arrosées par le Tygre, la Médie, le pays des Arriens, le mont Paropamise, et se vit en peu de jours sous les murailles de Bactres.

Elle entra dans la tente de son époux comme si elle eût été lui-même, donna des ordres à ses troupes, et dès que les ombres de la nuit vinrent protéger son stratagème, elle s'avança à la tête de quelques soldats accoutumés à grimper sur des rochers ; son exemple les enflamma d'une noble ardeur ; ils escaladèrent, sur ses pas, un sentier tortueux, difficile et parvinrent

jusqu'à la citadelle , dont ils s'emparèrent
sans obstacle. Les asssiégés, frappés de terreur à la vue de cet exploi , et désespérant
de sauver leur ville, en abandonnèrent les
portes à la foule victorieuse des Assyriens
qui s'en empara.

Ménonès arrivait au camp , au moment
où Ninus , maître de Bactres et desirant voir
le héros auquel il devait un si grand avantage, faisait appeler Sémiramis dans sa tente.
On peut juger quelle fut la surprise du monarque , lorsque jugeant sur les apparences,
et croyant parler à son favori, il découvrit , sous les vêtemens étrangers qui la dé-
guisaient , la femme la plus accomplie qui
se fût encore offerte à ses regards.

Sémiramis était alors dans tout l'éclat
de la beauté. L'âge , en développant sa taille
majestueuse , avait imprimé sur son front le
caractère de la grandeur. Frappé de tant
de charmes , et cédant au penchant qui lui
parlait en faveur de l'héroïne, Ninus ne vit
d'autres moyens de récompenser dignement
son courage que de l'élever au rang de son
épouse.

Plein de son projet, il manda devant lui

Ménonès, et lui parla en ces termes : « Je ne vous ferai point de reproches ; vous connaissez vos torts : malgré mes ordres, vous avez abandonné mon camp ; vous avez trahi votre devoir. Sémiramis, plus généreuse que vous, tandis que vous languissiez honteusement dans ses bras, a pris votre place et s'est couverte de gloire. Mon autorité méconnue, et ma juste reconnaissance veulent également que je signale mon pouvoir : je place Sémiramis sur le trône de l'Assyrie, et je vous laisse libre de recevoir avec des trésors dignes de moi, Sosanne ma propre fille, en échange de votre épouse, ou d'aller attendre dans les fers le supplice qu'a mérité votre désobéissance. »

L'alternative était terrible pour l'infortuné Satrape : il fallait renoncer à son amour, ou se résoudre à subir un supplice affreux ; celui d'être privé de la vue, au moyen d'une lame ardente appliquée sur les yeux. Il succomba à son désespoir, et s'arracha la vie (a).

Sémiramis, instruite trop tard des projets

(a) Diodore dit qu'il se pendit.

de Ninus, ne put empêcher cet événement funeste. Portée par une main invisible au faîte des grandeurs, ses premiers pas y furent arrosés de ses larmes : ainsi l'ambition céda un moment à la sensibilité, et n'étouffa pas entièrement la voix de la nature.

Maîtresse du cœur et du trône de Ninus, elle entra en reine dans Nin-vah, et les Assyriens virent la fille de Dercéto, à peine sortie de sa cabane obscure, donner des lois aux fils de Bélus et gouverner son empire immense.

VOILA, ma chère Sophie, ce que les poëtes, souvent amis du merveilleux, ont écrit touchant Sémiramis. Je n'ai ajouté à leur récit que quelques transitions nécessaires et quelques descriptions qui ne changent rien au fond des évènemens. Tu me sauras gré des unes et des autres, si je suis parvenu à t'intéresser.

Je sais que des savans ont révoqué en doute ces faits, sur lesquels je viens de m'arrêter peut-être avec trop de complaisance; ils ont prétendu que Sémiramis ne dut qu'à son trône toutes les merveilles qui illus-

trèrent son berceau, et qu'une simple bergère d'Assyrie, si elle eût vieilli dans le
désert où le hasard l'avait fait naître, n'aurait eu ni Déesse pour mère, ni colombes
pour nourrices. (*a*) Cela peut être vrai : mais
s'il fallait retrancher de l'histoire des premiers âges tout ce qui porte cette empreinte
brillante, cette histoire réduite à quelques
pages, n'offrirait plus qu'une suite aride de
dates et de noms, et tomberait des mains
de mon aimable écolière. Sophie doit me
pardonner tout, excepté l'ennui, qui est
réellement une chose impardonnable.

Maintenant que j'ai écrit à la manière des
Poëtes, et que j'ai un peu allongé les premières lignes de la vie de Sémiramis, je
vais ressaisir la plume des historiens, et tracer
avec plus de rapidité et de méthode les
époques plus authentiques de son règne.

(*a*) Un certain Athénée raconte que Sémiramis
n'était d'abord qu'une Courtisanne obscure, qui ayant
captivé Ninus par sa beauté, le força à l'épouser.
Diodore, liv. II. parag. 15.

LETTRE XLI.

Règne de Sémiramis. (a)

COMME la rouille s'élève sur le brillant
airain et ternit son éclat, ainsi la calomnie
s'attache aux réputations élevées, et répand
sur elles un nuage envieux. Sémiramis, couverte de gloire, placée sur le premier trône
du monde, ne pouvait échaper à ses atteintes.
La mort précipitée de Ninus a prêté des
armes à la malignité. Un philosophe a prétendu que cette reine ambitieuse, lasse de
partager le pouvoir suprême avec son époux,
hâta l'instant de son trépas; (*b*) mais on
ne saurait admettre sans preuves un forfait
aussi atroce, un forfait d'ailleurs inutile,
qui contredit également le caractère de Sémiramis et le sentiment de reconnaissance que

(*a*) Hérodote, liv. I. Justin. liv. I. Valère-Maxime,
liv. IX. Diodore, liv. II. Strabon, Suidas, etc.

(*b*) Plutarque.

la nature a placé dans le cœur de tous les hommes. Un grand crime a toujours des motifs puissans : une femme ne porte pas sans de fortes raisons sa main sanglante sur un vieillard, son bienfaiteur et son époux.

Ninus, lorsqu'il mourut, était âgé de plus de soixante-dix ans ; ce n'était plus qu'un esclave couronné dont elle dirigeait à son gré tous les mouvemens : rien ne s'opposait à ses vœux ; rien ne gênait son ambition ; pourquoi, sans raison, armer ses mains du poignard de Clitemnestre ? Non, je ne crois point à ce crime. Le peu d'intérêt qu'avait Sémiramis à être criminelle, doit être pour nous un garant de sa vertu.

Sa douleur, au reste, éclata par un superbe mausolée qu'elle érigea à la mémoire de son époux. Ce monument, dont les historiens ont exagéré la magnificence, était au centre de Ninive ; il était couvert d'une terrasse qui, suivant Diodore, n'avait pas moins de neuf stades (*a*) de hauteur.

Ninus, en mourant, laissa un fils nommé Ninyas, âgé d'environ six ans. Un historien

---

(*a*) 2916 pieds.

2   8

aussi extravagant que ridicule, (a) a prétendu
que Sémiramis, dans les premiers jours de
son règne, avait persuadé aux Assyriens
qu'elle était ce même Ninyas, à peine sorti
du berceau : comme si des guerriers, à la
tête desquels elle avait remporté des victoires, et des citoyens dont elle avait traversé
les flots, montée sur un char de triomphe,
pouvaient se méprendre aussi grossière-
ment ! Mais, enfin, c'est ainsi qu'on a long-
tems écrit l'histoire.

SÉMIRAMIS avait l'esprit rempli de
projets trop importans pour s'abaisser à de
pareilles puérilités ; née pour les grandes
choses, elle ne resta pas long-tems inactive
sur le trône de Bélus ; et sur-tout elle ne
prit point, pour gouverner les peuples, les
hochets d'un enfant : elle suivit l'impulsion
de son génie, et prouva que le sceptre des
rois ne dépare pas les mains de la beauté.

Jalouse d'égaler la gloire de son époux,
et peut-être de la surpasser, elle résolut de
marcher sur ses traces. Le mouvement rapide

(a) Justin, lib. I. cap. 2.

que Bélus et Ninus son fils avaient donné à l'Asie, l'un en y faisant fleurir les arts, l'autre en la couvrant de trophées guerriers, ne laissait que deux moyens de se rendre illustre ; il fallait ou fonder des villes, ou soumettre des nations : Sémiramis se flatta de réunir ces routes opposées, et de les parcourir ensemble. Ninus, fondateur de Ninive, y avait établi sa résidence ; elle choisit Babylone pour en faire la capitale de ses états, et voulut que cette ville surpassât en grandeur et en magnificence toutes les villes de l'Univers.

A ses ordres, les architectes et les artistes de l'Asie accoururent ; elle leur fournit deux millions d'ouvriers et des matériaux immenses. Dans l'espace d'une année, les remparts de Babylone furent achevés. On affecta de leur donner autant de stades de circonférence qu'il y a de jours dans l'année, et la reine chargea chacun de ses amis de présider à la construction d'une stade de ce rempart : ce qui lui suppose au moins trois cent soixante-cinq amis, merveille étonnante, et qui, si elle est véritable, n'est pas une des moindres de son règne.

8*

Je te donnerai plus loin une idée de cette
ville célèbre; je suis obligé de suivre, en ce
moment, Sémiramis qui m'entraîne en Médie,
où les peuples, fatigués du joug de Ninus,
ont cru l'instant favorable pour opérer une
révolution. Une femme assise sur le trône
des rois leur a paru peu capable de leur
résister; ils se sont déclarés indépendans.

A la première nouvelle de leur rébellion,
Sémiramis part à la tête d'une armée puissante;
elle s'empare d'Ecbatane, la capitale de la
Médie, et rend aux Mèdes le joug qu'ils
ont tenté de briser; mais, comme son époux,
elle n'abuse pas de sa victoire; elle ne réduit pas en esclavage les peuples qu'elle a
vaincus : elle les enchaîne par ses bienfaits;
elle ne détruit pas Ecbatane dont elle s'est
emparée; elle la décore de monumens durables. Elle y fait bâtir un superbe Palais,
et comme la ville manquait d'eau, elle fait
percer un mont escarpé, au travers duquel
on construit un canal qui conduit dans Ecbatane, l'eau d'un fleuve qui coulait à douze
stades de ses remparts.

C'est dans le cours de cette expédition
qu'on attribue à Sémiramis les idées les plus

bisares. On assure que, parvenue au pied d'une montagne appelée le Bazistan, elle y assit son camp, auquel elle donna la forme d'un vaste jardin. Le côté du rocher qui le regardait attira son attention ; elle en fit disparaître les inégalités et y fit tailler sa figure avec celle de cent de ses gardes. Ensuite, elle monta jusqu'au sommet de la montagne en faisant mettre en monceaux le bagage de son armée. Une inscription, gravée dans le roc, devait attester à la postérité l'existence des statues colossales et la construction de ces gradins de forme nouvelle : la postérité les a cependant révoquées en doute l'une et l'autre.

Il y avait auprès de Chaone, ville de la Médie, une pierre d'une étendue énorme : elle la fit couvrir de terre végétale, et voulut qu'elle servit de base à un jardin de délices, où elle s'arrêta quelque tems et revint plusieurs fois dans la suite, pour s'y délasser des fatigues de la guerre.

Le mont Zarcée s'opposait encore à sa marche. Des rochers et des précipices effrayans s'étendaient l'espace de plusieurs lieues. Il fallait les éviter ou les franchir :

le premier moyen hasardait sa gloire ; le second exposait son armée. Elle prit le seul parti
qui convint à son génie : elle fit couper les
rochers , combler les précipices , et traça
ainsi une route , dont on admire encore
aujourd'hui les vestiges (a).

Après avoir soumis la Médie , elle passa
en Perse et parcourut tout le pays qu'elle
possédait en Asie : par-tout elle laissa des
monumens de sa grandeur ; par-tout son génie
força la nature. Les campagnes arides devinrent fertiles ; les montagnes s'applanirent
pour donner passage à des chemins magnifiques ; les plaines s'élevèrent pour porter
des forteresses.

Toujours suivie de la victoire , l'héroïne
entra en Afrique. La Lybie , l'Égypte ,
l'Ethyopie , devinrent tributaires.

L'oracle de Jupiter , qu'elle consulta dans
le désert d'Ammon , lui répondit : que les
nations feraient son apothéose , au moment où les embûches de son fils la force-
raient à disparaître d'entre les hommes. Cet
oracle ne lui ôta rien de son courage. A

(a) Thévenot, second voyage, tom. II. p. 132.

peine fut-elle de retour à Babylone qu'elle forma le projet d'immortaliser son nom par une expédition mémorable. Elle avait appris que l'Inde était l'empire le plus formidable de la terre, et qu'on y trouvait en abondance tout ce qui peut flatter l'ambition des rois ; elle résolut d'en faire la conquête. Son impatience ne lui permis pas de réfléchir long-tems sur les moyens d'exécuter une entreprise aussi hasardeuse : elle écrivit la lettre suivante à Dercétas , l'un de ses généraux :

« Parcourez mon empire , depuis les ri-
» vages de l'Hellespont jusqu'aux frontières
» de la Lybie, depuis le Liban jusqu'au fond
» de la Bactriane ; vous lèverez trois mil-
» lions de fantassins , un million de cavalerie,
» cent mille soldats pour combattre sur de
» faux éléphans ; vous aurez mille charriots
» armés de faux , et deux cent mille cha-
» meaux pour porter le bagage : outre cela,
» vous ferez construire trois mille vaisseaux
» avec des proues d'airain , et vous leur
» donnerez des Phéniciens et d'autres gens
» de mer pour équipage. »

EN lisant cette lettre, qui est rapportée comme authentique par Suidas , (a) et dont Diodore a suivi à-peu-près les calculs , tu frémiras sans doute, ma chère Sophie , de voir sur le simple billet d'une reine ambitieuse, la moitié de l'Asie se précipiter sur l'autre moitié , et six millions d'hommes courir sans motifs égorger leurs semblables. Je voudrais , pour l'honneur de Sémiramis , pouvoir douter non-seulement de la lettre , mais encore du sentiment qui la fit écrire. Cela n'est pas possible. Il n'y a pas jusqu'aux éléphans dont l'existence ne soit attestée par tout ce que l'antiquité a d'écrivains dignes de foi.

Sémiramis , suivant leur récit, voulant ôter au Monarque indien le seul avantage qu'il eût sur elle , imagina, pour suppléer aux vrais éléphans qui lui manquaient , de faire des représentations de ces animaux. Elle fit tuer trois cent mille taureaux noirs, dont la chair

(a) Ecrivain grec du siècle d'Alexis Comnène , auteur d'un Dictionnaire où l'on trouve , avec beaucoup de fables , quelques traits intéressans sur l'antiquité.

fut distribuée aux ouvriers chargés d'en découper les cuirs. Des artistes, préposés pour présider à cette singulière manufacture, modelèrent ces cuirs avec du foin, et leur donnèrent la forme nécessaire ; ensuite ils les ajustèrent sur des chameaux vivans. Un homme enfermé dans cette machine la faisait mouvoir, de sorte que le tout paraissait de loin un véritable éléphant.

Après s'être assurée d'une quantité énorme de ces animaux de nouvelle fabrique, Sémiramis songea à établir une flotte sur le fleuve Indus ; mais comme les bords de ce fleuve n'offrent point de forêts d'où l'on puisse tirer du bois de construction, la difficulté paraissait insurmontable. L'héroïne mettait sa gloire à triompher de tous les obstacles. Elle fit venir les artistes les plus habiles de la Phénicie, et leur fournit le bois nécessaire pour construire deux mille petits navires formés de pièces de rapport, que des chameaux transportèrent par terre depuis Bactres jusques sur les bords de l'Indus. Ainsi elle put facilement passer chez l'ennemi, ou l'arrêter en cas d'attaque.

Ces préparatifs extraordinaires, qui durèrent

trois ans, ne se firent pas sans que le peuple n'eût cruellement à souffrir, tant à cause des levées d'hommes, qu'à cause des taxes qu'ils nécessitèrent. Les habitans de Babylone sur-tout en supportèrent le poids avec impatience. Un matin que la reine, sortant à peine des bras du repos, était encore à sa toilette, on vint lui annoncer que les Babyloniens, ameutés autour de son palais, demandaient à grands cris la diminution des impôts et la paix avec le monarque des Indes. Sans réfléchir au danger qu'elle va courir, Sémiramis s'élance, à demi-nue, les cheveux épars, elle paraît au milieu de la foule furieuse, écarte d'un bras intrépide les pointes menaçantes des dards, et jetant sur les rebelles des regards pleins de fierté, elle leur parle: à son aspect, le tumulte cesse; le trouble s'appaise aux accens de sa voix. Les mutins jettent leurs armes. Les uns, saisis d'épouvante, prennent la fuite; les autres, pénétrés de respect, tombent à ses pieds et l'adorent. Tel est le pouvoir du génie et de la beauté! Sémiramis possédait l'un et l'autre; et l'on doit, en faveur de ce double avantage, lui pardonner quelques erreurs. Le peuple de

Babylone, touché de cette action magnanime, érigea un monument pour en éterniser la mémoire. La reine y était représentée dans le plus simple appareil, les cheveux flottans, la robe en désordre, dans la même attitude où elle s'était offerte aux regards, étonnant les révoltés par son courage, et calmant la sédition par la magie de son éloquence.

LETTRE XLII.

Suite du règne de Sémiramis. Abdication
de cette reine.

LA guerre que Sémiramis déclarait aux
Indiens était injuste; elle devait être malheureuse : elle le fut en effet. Stabrobatès,
qui régnait alors sur les campagnes fertiles
de l'Indus et du Gange, n'eut pas plutôt
appris les desseins hostiles de son ennemie,
qu'il se prépara à se défendre. Ses préparatifs
furent encore plus considérables que ceux
des Assyriens. Il fit construire avec des bam-
bous quatre mille navires, arma des fantassins et des cavaliers en proportion, et, ce
qui lui donnait un certain avantage sur Sémiramis, il eut des éléphans qui n'étaient pas
faits de main d'homme, comme les siens.

Cependant il envoya des hérauts à la
reine d'Assyrie pour lui offrir la paix, et
en cas de refus, pour la menacer de la mettre
en croix si elle tombait vivante entre ses
mains.

Sémiramis, indignée de cette menace, n'y répondit qu'en se mettant en campagne. Elle parvint bientôt sur les bords de l'Indus, et y livra une bataille , dont le premier succès enfla d'abord son orgueil. Un pont d'une largeur extraordinaire qu'elle jeta ensuite sur le fleuve , donna passage à son armée ; déjà elle se repaissait des idées les plus agréables : un revers inattendu vint renverser ses espérances. Stabrobatès , effrayé d'abord du nombre prodigieux d'éléphans qu'il voyait dans l'armée assyrienne , mais instruit ensuite du stratagême par des transfuges , se présenta en bon ordre sur le champ de bataille. Le choc fut tel qu'on devait l'attendre de deux masses aussi redoutables : la victoire resta long-tems incertaine ; enfin les véritables éléphans la firent pencher du côté des Indiens. Ces terribles animaux foulèrent aux pieds leurs frivoles adversaires , étouffèrent et le chameau et l'homme que renfermait chacune de ces machines puériles, et répandirent une si grande terreur parmi les Assyriens , que la déroute devint générale. Sémiramis elle-même , poursuivie par Stabrobatès , atteinte d'une flèche et d'un dard lancés par son ennemi, ne dut son salut qu'à la vîtesse de son cheval. Elle rentra dans Bactres après avoir perdu les deux tiers de son armée.

IL est présumable que cette défaite la guérit pour toujours de la manie des conquêtes ; du moins ne trouve-t-on plus de traces de semblables expéditions dans la suite de son histoire. Devenue sage à l'école du malheur, elle ne s'occupa plus que des soins de son empire et partagea son tems entre les arts et les plaisirs.

Ce fut à cette époque que Babylone reçut ses plus magnifiques ornemens ; ce fut aussi à cette époque, s'il faut en croire quelques détracteurs de Sémiramis, qu'elle se livra sans réserve à la fougue de ses sens. Mais, outre qu'il n'existe aucune preuve authentique des faiblesses qu'on lui impute, il est hautement probable qu'elle aura été confondue avec une autre Sémiramis, qui régna sur l'Assyrie, plusieurs siècles après elle. Celle-ci, dont le véritable nom était Atossa, après avoir effrayé les Babyloniens par le spectacle honteux de ses débordemens , mit le sceau à ses infamies en épousant publiquement son propre fils.

Voilà sans doute ce qui a trompé quelques écrivains peu judicieux , et leur a fait dire que la veuve de Ninus , brûlée d'une flamme incestueuse , ayant voulu forcer Ninyas, son fils, à répondre à sa passion, était morte assassinée par les ordres de ce Prince. Ils n'ont pas réfléchi qu'au moment où ils ont fait naître ce desir effréné dans l'ame de Sémiramis , et qu'ils ont fait punir un inceste par un parricide , la veuve de Ninus devait être âgée de près de soixante et douze ans , et que Ninyas n'en devait avoir guère moins de cinquante ; ce qui donne un démenti formel à leurs assertions. Le récit de Diodore , touchant la mort de cette reine célèbre , est plus conforme à la nature et à la vérité.

NINYAS, las de vieillir aux pieds du trône, résolut d'y monter à quelque prix que ce fût ; il confia ses desirs à l'un de ses confidens , qui ne vit point d'autres moyens de les satisfaire qu'en faisant marcher le fils sur le corps ensanglanté de la mère. Sémiramis devina les projets de son fils et pénétra son complot ; alors elle se ressouvint de l'oracle de Jupiter, et croyant en voir l'accomplissement, se soumit sans résistance à la volonté des Dieux. Loin de prendre aucune résolution violente contre Ninyas, elle l'appela dans son appartement : « Je connais vos desseins , lui dit-elle, et je veux vous éviter un crime ». Au même instant , tous les grands de l'état s'étant rassemblés par son ordre , elle mit en leur présence sa couronne sur la tête de son fils, et déposa entre ses mains le sceptre du commandement. Ensuite elle se retira et ne reparut plus. Il est probable qu'elle termina paisiblement ses jours dans quelque solitude ignorée et profonde , soit dans le fond du jardin de délices qu'elle avait fait construire à Chaone , soit plutôt sur les rives du Gozan, auprès des lieux sacrés où elle avait pris naissance.

Quoiqu'il en soit , le peuple toujours esclave de la superstition , ne douta point qu'elle ne fût passée au rang des Dieux. Les prêtres publièrent qu'elle avait été changée en colombe et qu'ils l'avaient vue , au mi-

lieu d'une foule d'autres colombes, planer
sur le palais, prendre son essor et se perdre
avec elles dans les cieux. Ils lui dressèrent
des autels et l'invoquèrent sous cette nouvelle forme.

Sémiramis avait régné l'espace de quarante-
deux ans, lorsqu'elle céda l'empire à son
fils. L'année de son abdication peut être
placée environ 187 ans après la naissance
de Bélus, ou 3,844 ans avant nous (a). Je
ne puis mieux terminer, ma chère Sophie,
tout ce que je t'ai dit touchant cette reine si
justement célèbre, qu'en transcrivant ici son
épitaphe telle qu'elle est rapportée par les
historiens de l'antiquité. (b)

« J'ai régné à Ninive : mes états étaient
» bornés à l'orient par le fleuve Hindames ; (c)
» au midi, par le pays qui porte l'encens ; (d)
» au nord, par les Sauqes et les Sogdiens ; (e)

(a) Toujours 1801 de notre ère.

(b) Polien, liv. VII. ch. 25.

(c) Aujourd'hui Hindmend.

(d) L'Arabie heureuse.

(e) Ces peuples habitaient sur les bords de la mer
Caspienne.

» Avant moi les Assyriens n'avaient point
» vu de mers, j'en ai soumis quatre à mes
» lois (*a*). J'ai forcé les fleuves à couler
» où j'ai voulu, et j'ai voulu qu'ils portassent
» leurs eaux aux pays qui en avaient besoin.
» J'ai rendu fertiles les terres les plus arides,
» en les arrosant par ces fleuves qui étaient
» mon ouvrage ; j'ai construit des forteresses
» imprenables ; j'ai dompté par le fer d'é-
» normes rochers, et j'ai employé mes richesses
» à ouvrir des chemins dans des régions où
» les bêtes sauvages ne pouvaient pénétrer.
» Malgré tant de travaux j'ai trouvé du tems
» pour mes plaisirs et le bonheur de mes
» amis ».

(*a*) La Méditerranée, la mer Érythrée, la mer
Caspienne et le Pont-Euxin.

LETTRE XLIII.

Ninyas et ses successeurs. Description de Babylone.

IL en est de l'existence des Nations comme de celle des Individus : l'une et l'autre ont également leurs momens de splendeur et d'obscurité, de décadence et de vigueur ; elles éprouvent toutes les deux les mêmes vicissitudes. Quelquefois un gouvernement mal constitué passe, sans intermédiaires, des faiblesses de l'enfance aux infirmités de la vieillesse ; quelquefois il porte en naissant, avec l'apparence de la force, les germes d'une destruction prochaine ; quelquefois, et c'est alors que se déploye le talent du législateur, il cache sous des formes débiles des germes féconds de vigueur qui se développent successivement et lui procurent une jeunesse longue et brillante. Mais quelques soient son éclat et sa force, rien ne peut empêcher que le tems, qui se joue des ouvrages des hommes, ne paralyse à la longue

9 *

les ressorts qui le font mouvoir et ne l'entraîne insensiblement à la mort.

CES réflexions que je n'ai pu m'empêcher de placer ici me sont inspirées, ma chère Sophie, par l'histoire même dont je te crayonne les principaux événemens. L'empire des Assyriens, que nous avons vu prendre naissance par les soins de Bélus, s'accroître rapidement sous Ninus, atteindre, grâce au génie de Sémiramis, au plus haut période de gloire, ne va plus traîner qu'une existence languissante sous les nombreux successeurs de cette Princesse. Ce colosse imposant, trop tôt élevé, n'avait pas une base égale à sa hauteur. Dès qu'il ne put plus s'étendre au-dehors, il s'affaissa sur lui-même. Son propre poids le soutint long-tems; mais enfin ses parties se séparèrent, et l'édifice dépourvu d'équilibre, tomba pour ne se relever jamais. Les vices de Sardanapale et l'ambition d'Arbace décidèrent une révolution; le sceptre des Assyriens passa aux Mèdes; alors il se forma trois empires distincts: Ninive, Babylone, Ecbatane eurent chacune leur monarque particulier. Ce défaut d'unité facilita les conquêtes de Cyrus et assura la domination des Perses.

Mais sans anticiper sur les événemens, parcourons d'un pas rapide les douze siècles qui se sont écoulés entre l'abdication de Sémiramis et la mort de Sardanapale, et choisissons entre les quarante automates qui se sont assis, durant cette espace de tems, sur le trône de Bélus, quelques noms moins obscurs que les autres, pour nous servir de point d'appui dans la nuit profonde que nous avons à traverser.

NINYAS, pendant les quarante-deux ans que régna sa mère, ne parut pas une seule fois sur la scène ; il ne sortit de sa léthargie que pour méditer un parricide ; il ne monta sur le trône que pour s'y endormir. Invisible pour ses sujets, il passa sa vie au milieu de ses femmes et de ses favoris. Indolent et pusillanime, il fut un de ces souverains sans physionomie qui ne paraissent avoir occupé les trônes de la terre que pour fournir des noms aux historiens et des dates aux chronologistes. On ne sait point quelle fut l'époque ni l'occasion de sa mort, et

sans doute , s'il n'eût pas été le fils de
Sémiramis, on t eût ignoré jusqu'à sa naissance.

Ses successeurs marchèrent sur ses traces
et renchérirent encore sur son indolence.
Contens de porter le vain titre de roi , ils
s'endormirent comme lui au sein des voluptés,
et laissèrent à leurs satrapes le soin de gouverner l'empire.

Mais tandis que la monarchie Assyrienne
réside toute entière au fond d'un sérail ,
que le monarque n'est lui-même qu'un esclave couronné , et que parmi la foule in-
calculable de ses sujets, il ne s'élève pas un
seul homme qui mérite de fixer nos regards ,
n'es-tu pas d'avis , Sophie , que nous per-
dions un instant de vue cette race abâtardie ,
pour nous occuper de la ville superbe qu'elle
habite ? Je t'ai promis une promenade dans
Babylone ; profitons de ce moment de loisir
pour satisfaire ta curiosité : aussi bien je
n'ai plus que l'éloquence des monumens à
opposer au silence momentané de l'histoire.

On a tour à tour attribué à Bélus , à
Nimrod , à Ninus , à Sémiramis , l'honneur

de la fondation de Babylone ; il paraît que
cette ville, infiniment plus ancienne qu'eux,
ne leur a dû que des embellissemens. Les
historiens qui en ont parlé varient beaucoup
dans les descriptions qu'ils en donnent (a).
Je vais tâcher de les concilier en ne prenant
de leurs relations que ce qui s'accorde avec
la raison et la possibilité physique.

Mais afin de donner plus de vie au tableau
que je vais tracer, souffre, Sophie, que je
parle encore une fois à ton imagination. Déjà,
pour te faire connaître la géographie de cette
contrée, je t'ai transportée sur les frontières
de l'Assyrie ; tu n'as besoin que de me suivre
maintenant sur les bords de l'Euphrate, et
Babylone ressuscité va nous recevoir dans son
sein.

Ces remparts qui paraissent se perdre
dans les nues sont ceux que Sémiramis fit
bâtir ; ils ont 365 stades de tour (b). Trois

_____

(a) Diodore, Hérodote, Strabon, Quinte-Curce,
Aristote, Josephe, etc. etc.

(b) Le stade assyrien est de 54 toises ; ainsi, suivant ce calcul, Babylone aurait eu 8 lieues de circonférence : c'est une fois et demie plus que Paris.

chars peuvent rouler de front sur leur surface horisontale. Par-tout où les marais qui
les environnent ne les rendent point inaccessibles, ils sont flanqués de tours et défendus
par un large fossé. Cent portes d'airain massif
s'ouvrent sur la campagne, et suffisent à
peine à la foule nombreuse qui se presse au-
dedans et au-dehors de leur enceinte. Sui-
vons ce chemin orné de statues qui se prolonge depuis les rives du Tygre, et entrons
dans la métropole de l'Orient (11).

Six mois ne nous suffiraient pas pour
l'examiner dans tous ses détails : un moment
va nous suffire pour la connaître dans son
ensemble.

La ville est partagée par l'Euphrate qui
roule ses flots du nord au midi ; un mur
de briques, d'une épaisseur prodigieuse, retient
le fleuve resserré dans son lit et l'empêche
de se déborder. Cinquante rues alignées et
très-larges la traversent en tous sens et se
coupent toutes à angles droits. Celles qui abou-
tissent sur les bords de l'Euphrate sont fermées par des portes d'airain.

Les deux parties de cette ville superbe,
séparées par le fleuve, sont unies par un

pont, duquel Sémiramis elle-même a tracé
le plan. Il fallut beaucoup d'art et de travail pour en jeter les fordemens. Les pierres
qui entrent dans la composition des piles
sont liées par des crampons de fer et du
plomb fondu; la voûte qu'elles supportent
au dessus des ondes, est une espèce de par-
quet de bois de cèdre et de cyprès, posé
sur d'énormes poutres de palmier.

Aux deux extrémités de ce pont s'élèvent
deux palais. Celui qui regarde le Soleil
levant sert de résidence aux souverains de
l'Assyrie; l'autre tient lieu de forteresse à
Babylone. On admire la légèreté et l'élé-
gance du premier; on est frappé de la
force et de la majesté du second. Une triple
enceinte de murailles entoure ce dernier;
les artistes, pour le rendre plus formidable
à la vue, ont couvert ses remparts extérieurs
de figures de toutes sortes d'animaux d'une
taille colossale, représentées en relief et re-
vêtues de leurs couleurs naturelles. Sémiramis, desirant que ces deux palais com-
muniquassent entr'eux de la manière la plus
intime, imagina de faire construire une vaste
galerie souterraine qui se prolonge sous le

(138)

fleuve : ainsi les rois qui les habitent peuvent passer de l'un à l'autre sans danger.

Les maisons des particuliers, isolées les unes des autres pour prévenir les incendies, sont surmontées de terrasses couvertes de fleurs et d'arbustes verdoyans. La ville entière, observée du haut de la tour de Bélus, ressemble à un immense jardin.

Cette tour de Bélus, dont j'ai déjà parlé, (a) est le monument le plus remarquable de Babylone.

Huit tours élevées les unes sur les autres forment la masse imposante de cet édifice, qui passe pour l'une des merveilles de l'Univers ; une rampe extérieure qui les unit entr'elles, sert à monter jusqu'au faîte, où est placé le sanctuaire ; une colonnade de marbre entoure la base du monument. Les rois d'Assyrie ont signalé leur magnificence et leur piété par les offrandes sans nombre dont ils l'ont enrichi. Les historiens grecs rapportent que la statue de Jupiter, placée dans le sanctuaire, était d'or massif et avait

(a) Lettre XXXVI.

quarante pieds de haut. Rhéa , assise sur
un char , traîné par deux lions , était auprès de son fils ; deux serpens énormes se
roulaient auprès d'elle pour désigner l'éternité du feu dont elle était l'emblême. Junon ,
debout, à côté de ce groupe , tenait d'une
main une couleuvre, et de l'autre un sceptre
éclatant de pierreries. La table placée au
devant de ces divinités était aussi d'or massif
comme leurs trois statues ; elle avait quarante pieds de long sur quinze de large ,
et portait les vases précieux dont on leur
avait fait hommage. Tous les ans on y brûlait
pour cent mille talens d'aromates.

Mais d'où naît ta surprise ? Tu t'étonnes
de voir à côté de ses richesses et dans
l'endroit le plus reculé du sanctuaire un
lit voluptueux décoré de tout le luxe orien-
tal ; tu cherches, Sophie, à deviner à quoi
peut servir dans un lieu aussi saint un meuble
aussi profane. Approche-toi , je vais te
le dire tout bas de peur que quelque mage
assyrien n'entende nos discours et ne m'ac-
cuse d'impiété.

BÉLUS , comme tu le sais , en jetant les

fondemens de cet édifice, desira qu'on y plaçât son tombeau ; il institua un collège de prêtres, dont les fonctions devaient se borner à observer les astres. Tant que Bélus ne fut révéré que comme un sage, les prêtres ne furent que des astronomes ; mais dès que la crédulité du peuple eut placé ce héros au rang des Dieux, les astronomes devinrent de véritables prêtres et se firent regarder comme les interprètes de la Divinité. Las de calculer tristement les éclipses, ils trouvèrent plus doux de passer la nuit sur le duvet oiseux d'un lit consacré à Vénus, que sur la pierre insensible d'un observatoire. Ils persuadèrent aux Babyloniens que Bélus descendait de l'Olympe et venait, à certaines époques, se reposer dans son sanctuaire. Ils firent dresser un lit magnifique pour le recevoir, et pour que le Dieu n'éprouvât point le vide de la solitude, ils trouvèrent moyen d'engager les plus belles femmes de Babylone à venir, tour à tour, partager sa couche (a). Chaque mois, au

(a) Hérodote, liv. I.

premier jour de la lune , le grand Pontife désigne la beauté que Bélus a choisie ; on la couronne de fleurs et on la conduit avec pompe dans le temple , où tout est mis en usage pour épaissir sur ses yeux le bandeau sacré de la superstition. Lorsque la nuit est venue , elle monte seule au sommet de la tour et se repose sur le lit. Je ne sais si le Dieu vient lui-même troubler le sommeil de l'odalisque assyrienne ; le peuble le croit et elle le croit aussi. Seulement, on a vu aux cérémonies publiques, quelques-unes de ces femmes rougir en reconnaissant des traits frappans de ressemblance entre quelques ministres de Bélus et le Dieu dont elles se disent les épouses.

S i du sommet de cette tour, on jette les yeux sur la ville, on voit avec un étonnement mêlé d'admiration, les jardins suspendus de Sémiramis. Ce nom qu'on leur donne ne désigne point, au reste , qu'ils ont été bâtis par la veuve de Ninus , comme on l'a cru long-tems , (a) mais bien que celle qui en

_____

(a) Diodore, liv. II. parag. 10.

a conçu l'idée a reçu de l'adulation de ses courtisans le nom glorieux de cette Princesse. Jamais reine ne fut cependant plus indigne de le porter. S'il en faut croire la voix impartiale de l'histoire, c'est elle qui, par le scandale de sa vie, hâta la chûte de sa maison, et fut cause de la révolution qui mit sur le trône de Bélus une dynastie nouvelle.

Je te parlerai de cet événement dans ma première lettre, et je continuerai ensuite le tableau de Babylone, que cette digression nécessaire me force d'interrompre quelques instans.

LETTRE XLIV.

Mœurs dépravées d'Atossa. Jardins magni-
fiques qu'elle fit construire. Détrônement
de Beloch , son père. Continuation du
tableau de Babylone.

IL y avait cinq siècles que Ninyas n'existait plus , et quinze rois , aussi faibles que
lui, s'étaient succédés sur le trône de Bélus,
lorsque l'un de ses descendans , Beloch, fut
détrôné par l'intendant de ses jardins.

Bélétaras, c'est le nom de l'usurpateur,
sut profiter du mécontentement qu'avaient
excité, parmi les Babyloniens , les mœurs
dépravées d'Atossa , la fille de Beloch. Cette
Princesse , dont les historiens ont fait un
portrait hideux, (*a*) était née avec ce caractère ardent qui, selon les circonstances, dé-
veloppe dans la personne qui le porte , ou
les vertus les plus sublimes , ou les vices les

***

(*a*) Photius. cod. 186. Agethias. liv. II. pag. 63.

plus honteux. Elevée dans le sérail d'un des-
pote, elle ne trouva point un ami qui daignât diriger vers le bien ses dispositions
naissantes ; elle se livra de bonne heure à tous
les écarts d'une imagination déréglée, et ne
découvrit l'abîme où l'avait conduite de
lâches adulateurs, que lorsque la fougue de
ses sens ne lui permit plus de revenir sur ses
pas. Fille d'un monarque imbécile, elle
s'empara sans peine de toutes ses volontés ;
mais c'était peu de gouverner l'empire si
elle ne portait pas le titre fastueux de reine.
Foulant aux pieds tous les usages reçus,
elle engagea Beloch à l'associer à son trône,
et l'on vit, pour la première fois, le père
et la fille porter le même sceptre et l'appesantir ensemble sur les peuples effrayés de ce
despotisme adultère.

Ce fut à cette époque qu'Atossa voulant,
en quelque sorte, justifier le nom de Sémiramis, qu'elle avait reçu de la flaterie de
ses courtisans, éleva les superbes jardins dont
je t'ai parlé.

Cet édifice, suivant l'idée que l'antiquité
nous en a transmise, était formé de

diverses terrasses élevées insensiblemeht les unes au-dessus des autres. La dernière de ces terrasses, qui avait cinquante coudées de hauteur, était soutenue par des arcades qui servaient aussi à supporter le poids du jardin. L'avenue, par laquelle on montait d'une terrasse à l'autre, était bordée de bâtimens magnifiques, ce qui lui donnait l'apparence d'un théâtre suspendu dans les airs. Parvenu au bout de l'avenue, on se trouvait transporté, comme par enchantement, sous des allées majestueuses ornées de statues de bronze et de fontaines limpides. La terre qu'on avait transportée à cette prodigieuse hauteur suffisait aux racines des plus grands arbres. Elle était étendue sur une couche de plomb, qui garantissait de l'humidité la voûte épaisse, formée de quartiers de rochers, de roseaux liés avec du bitume et des briques cuites.

Des pilliers énormes supportaient le poids immense de l'édifice; et comme le jour entrait librement par dessous les arcades, on y avait pratiqué plusieurs appartemens voluptueux qui servaient de rendez-vous à la reine et aux grands de Babylone.

2   10

Le mur qui servait comme d'arc-boutant
à cette montagne artificielle était creux depuis le haut jusqu'en bas ; il renfermait les
pompes, et dérobait à l'œil effrayé l'appareil terrible de la machine destinée à puiser
dans le fleuve toute l'eau nécessaire pour
arroser le jardin.

Atossa, après avoir exécuté cet ouvrage,
crut tout permis à son audace. Certaine de
trouver l'impunité sous le diadème, elle ne
mit plus de frein à ses desirs. On dit qu'a-
près avoir choisi ses amans parmi les plus
beaux soldats de sa garde, elle s'assurait de
leur silence en les faisant mourir sous ses
yeux. Cette femme impudique, l'opprobre
éternel de son sexe, éprise de son propre
fils, osa consacrer son inceste en l'épousant
à la face des Dieux. Elle mourut enfin, et
la vertu qu'elle avait réduite au silence à
force de l'outrager, sortant comme d'une
longue léthargie, commença à respirer ;
mille cris s'élevèrent à-la-fois de toutes les
parties de l'empire ; on reprocha à Beloch
sa faiblesse et sa coupable indulgence ; on
le rendit responsable de tous les crimes de
sa fille ; et l'intendant de ses jardins, Bélé-

taras , s'étant rendu l'interprète de l'indignation publique , le chassa d'un trône qu'il n'avait su défendre ni contre l'impiété de sa fille ni contre les armes de son rival (12).

L'usurpateur , après un règne de trente ans , légua le sceptre à son fils. Celui-ci , dégénérant des vertus de son père, ramena dans le sérail la même indolence qui avait déshonoré les derniers successeurs de Sémiramis. Il fut remplacé par une suite de rois fainéans qui végétérent pendant l'espace de sept siècles et jusqu'au moment où Sardanapale, le dernier d'entr'eux , joignant à la faiblesse de Béloch , tous les vices d'Atossa , fut , comme Béloch, la victime d'un usurpateur.

MAIS avant de nous arrêter sur cet événement , je pense , ma chère sœur , qu'il est à propos de continuer dans Babylone la promenade que nous avons commencée.

Nous nous sommes jusqu'ici occupés des monumens , occupons-nous maintenant du Peuple même qui les habite.

JE ne te parlerai point du monarque

10 *

invisible qui , somptueusement emprisonné dans son palais , semblable à la Divinité jalouse qui ne s'annonce aux mortels que par les éclats du tonnerre, ne communique avec ses sujets que par l'exercice de son pouvoir. Laissons-le au milieu des hommes dégradés, qui le servent à genoux, et des femmes vendues à ses caprices , qui peuplent son sérail; laissons-le , dis-je , chercher vainement le bonheur et ne trouver jamais que la satiété et le dégoût. Occupons-nous des institutions remarquables du peuple qu'il gouverne.

Il existe à Babylone trois tribunaux chargés de faire exécuter les lois. Le premier veille sur les mœurs publiques ; le second protège la personne et la propriété des citoyens ; le troisième prononce sur les débats qui s'élèvent entre les particuliers. C'est dans l'enceinte du premier tribunal que des magistrats intègres, l'élite de l'empire par leur naissance et leur savoir, sont chargés, par une loi expresse, de présider à tous les mariages (a). Aucun père ne peut disposer

(a) Elien. liv. IV. chap. 1.

de sa fille, aucun amant ne peut recevoir
la main de son amante sans en avoir obtenu
l'aveu solemnel.

Le jour fixé par les lois, lorsqu'un certain nombre de filles de Babylone a atteint
l'âge nubile, le magistrat chargé de ce soin
annonce l'instant de leur hyménée. Dès le
matin de ce jour solemnel, on entend les
chants mélodieux de ces vierges timides :
elles s'avancent deux à deux, vêtues de
robes flottantes et couronnées de fleurs. Un
long tissu de lin couvre encore leur visage,
et dérobe aux regards avides de la multitude, leurs attraits ou leurs défauts, leur
joie ou leur tristesse ; mais, dès qu'elles
ont franchi le seuil du temple, le voile tombe
et rien ne dissimule plus ni leurs beautés,
ni leurs sentimens. Toutes ne sont pas également favorisées de la nature ; mais les grâces
de la jeunesse dont elles sont parées répandent sur toutes ce charme intéressant qui
embellit jusqu'aux imperfections. Nul étranger ne peut les suivre. Leurs mères, seules,
sont admises dans l'enceinte du temple. Là,
le magistrat introduit les jeunes gens qui
aspirent au titre d'époux. Ceux qui se sont

signalés par quelque action d'éclat choisissent
d'abord ; viennent ensuite ceux qui , par
leurs richesses , peuvent mettre un haut prix
à la beauté. Ainsi , les plus belles trouvent
des époux avant celles qui ont moins de
charmes , et quand enfin il ne reste plus que
celles à qui Vénus a refusé ses faveurs , on
emploie l'argent que le mariage des unes
a produit , pour assurer aux autres une dot
qui leur tienne lieu de beauté.

Je suis persuadé , ma chère Sophie , que
tu n'approuveras point cet usage des Babyloniens. En effet , une loi qui contrarie la
nature , qui ravit à la beauté l'exercice de
ses droits les plus saints , est une loi bien
faite pour effaroucher ta sensibilité. Que
des savans froids et flegmatiques nous van-
tent ses avantages politiques , qu'ils nous
assurent qu'au moyen de cette coutume le
célibat était proscrit ; rien ne peut palier
aux yeux de la raison cet attentat contre la
liberté de la plus belle moitié du genre
humain.

Le droit de disposer d'elle-même et de
donner son cœur est un droit de la beauté,

que notre orgueil voudrait vainement lui
disputer. Elle est maîtresse de ses affections
comme nous sommes maîtres de notre pensée.
L'amour ne saurait ni se commander ni se
défendre; toute loi qui le méconnait ou qui
l'outrage est une production monstrueuse
digne de tout notre mépris. Si les jeunes
filles de Babylone, soumises à un usage
barbare, passaient sans résistance dans les
bras d'un inconnu, assez lâche pour acheter
leurs faveurs, il ne faut en accuser que les
mœurs des Assyriens, qui, perverties par
le luxe, ne laissaient que ce moyen de prévenir les désordres qu'eussent entraîné l'a-
bandon des pauvres et le célibat des riches.

LETTRE XLV.

Idées sur les mœurs et la religion des Baby-
loniens.

LE premier Monarque d'Assyrie, en recevant de la reconnaissance de ses sujets le
nom de Bélus, fut adoré, après sa mort,
comme le roi de la terre qu'il avait civilisée, mais il ne fit point oublier le roi de
l'Univers. Jamais les sages de la Chaldée
ne les confondirent ensemble ; le Soleil fut
toujours pour eux l'emblême du souverain
des êtres. Leurs autels étaient séparés dans
la tour de Bélus : il n'était permis qu'au
vulgaire ignorant de n'établir entr'eux aucune différence.

La Divinité la plus chère aux Babyloniens,
après le Soleil, ou le feu principe, était cet ame
invisible et féconde que nous connaissons
sous le nom de NATURE ou de providence.

Ils la nommaient Mylitta : c'était la Déesse
du plaisir, et de la beauté : la même qu'Astarté chez les Phéniciens ; Ephrodite, chez
les Grecs ; Freya, chez les Peuples du Nord,
et enfin Vénus chez les Romains

Vénus !..... Quels souvenirs enchanteurs
ne réveille pas ce nom ! Malgré les siècles
écoulés depuis que des mains intolérantes et
superstitieuses ont renversé ses autels, Vénus
obtient encore les hommages de la terre.

Il est des idées sublimes, qui, une fois
enfantées par le génie, ne meurent jamais
dans la mémoire des hommes. Il connaissait
bien le cœur humain celui qui, le premier,
imagina d'offrir à la vénération des mortels,
sous les traits d'une beauté divine, la puissance
même qui leur donne la vie ! et qui prit,
pour symbole de la nature, une femme parée
de toutes les grâces ! Comment l'homme,
qu'il voulait pénétrer de respect, ne serait-
il pas tombé aux pieds de la Déesse, lui
que le plus doux penchant attirait sans cesse
aux genoux de la Mortelle ?

La Vénus assyrienne paraît avoir été le
modèle de toutes les autres (13). Le nom
de Mylitta, qu'on lui donnait le plus sou-

vent , signifie la *Mère des Etres* : c'était sans doute afin de désigner sa puissance sur toute la nature , que les Prêtres lui sacrifiaient en habit de femmes et les Prêtresses en habit d'hommes (*a*). On la représentait quelquefois sous la forme d'une colombe , et alors on la nommait Dercéto ou Sémiramis.

Son temple , élevé non loin de celui de Bélus , était le monument le plus élégant de Babylone : des bosquets plantés d'arbres odorans l'environnaient de tous côtés et le couvraient d'une ombre mystérieuse. Là , des groupes symboliques , distribués dans les détours solitaires , peignaient le pouvoir de la Déesse , et offraient à ses adorateurs des images qui leur inspiraient une tendre rêverie.

Tu me demanderas peut-être , Sophie , pourquoi , tandis que nous visitions Babylone , je ne t'ai point introduite dans ce temple , en sortant de celui de Bélus ? J'ai

---

(*a*) Macrobe. *Saturnal.* liv. III. chap. 8.

voulu épargner à ton innocence des tableaux que ma plume circonspecte doit envelopper d'une gaze épaisse.

Lorsque les mœurs primitives se furent altérées dans Babylone, il ne fut plus permis à la beauté naïve de pénétrer dans le temple de Mylitta. Celles qu'une folle curiosité y conduisait n'en sortaient jamais que le remords dans le cœur et la rougeur sur le front. Ce temple qui devait être le sanctuaire de l'innocence, devint le receptacle des prostitutions. Les Prêtres dénaturèrent les idées les plus sublimes ; ils corrompirent le culte le plus saint; ils firent de la mère d'amour, la mère des desirs obscènes, une Déesse infâme, dont le nom devient même un opprobre.

Jetons un voile sur les orgies turbulentes qui se célébraient dans cette enceinte ; qu'il te suffise de savoir qu'il n'était pas une seule Babylonienne qui ne dût y assister une fois en sa vie. Les bosquets qui entouraient le temple étaient coupés par des allées tirées au cordeau. C'est là qu'allaient s'asseoir les femmes qu'y attirait un dogme religieux, fabriqué par des Prêtres adultères. Les étran-

gers qui s'y promenaient choisissaient celles
dont la beauté les frappait d'avantage. Dès
qu'un étranger avait fixé son choix, il jetait
quelques pièces de monnaie sur les genoux
de la Babylonienne en prononçant ces paroles consacrées : *J'invoque pour toi la Déesse*
Mylitta. Alors elle était obligée de le suivre
de quelque rang qu'il fût et quelle que
fût son offrande.

Une fois entrée dans ce temple, une
femme n'en sortait plus qu'elle n'eût satisfait à la loi. Celles qui étaient parées des
attraits de la beauté, ou qui joignaient à
une parure recherchée les grâces de la jeunesse ne soupiraient pas long-tems après des
amans ; mais il en était qui, privées de tous
ces avantages, gémissaient des années entières dans ce lieu d'infamie, avant de trouver
un étranger qui daignât invoquer pour elles
la Déesse Mylitta (14).

OUTRE ces deux Divinités principales,
Bélus et Mylitta, les Babyloniens en ad-
mettaient une foule d'autres, dont les noms
mêmes ne sont point parvenus jusqu'à nous.
Le souvenir de l'un d'eux, cependant, vient

effrayer encore mon imagination , autant par la rudesse de son nom que par l'atrocité de son culte : c'est Nisroch. On lui sacrifiait des victimes humaines. Il était pour les Assyriens ce qu'était Saturne pour les Atlantes ; le Dieu du mal : on l'opposait à Bélus.

Ce système des deux principes , du bien et du mal a été commun à tous les peuples. Ainsi l'on trouve chez les Egyptiens et les Hébreux , descendus des Atlantes, Osiris et Typhon , Jehov et Satan ; chez les Perses et les Indiens , descendus des Péris , Orosmade et Arimane , Bramah et Mozazor ; chez les Celtes et les Gaulois , descendus des Scythes , Odin et Loke , ou Hesus et Theutatès : ce qui prouve invinciblement une origine commune.

La science la plus universellement cultivée dans la Chaldée , celle qui y jouissait du plus grand honneur , était l'astronomie. Bélus , comme nous l'avons vu , avait été astronome ; mais comme tout se pervertit parmi les hommes , cette science , quelques siècles après Bélus , ne consistait plus que dans l'art frivole de prédire l'avenir. Voici, peut-être, ce qui donna lieu à cette métamorphose.

Les astronomes, accoutumés à suivre la marches des corps célestes, avaient aussi calculé leurs révolutions. Le vulgaire crédule, tremblant aux approches d'un orage ou d'une éclipse, s'imagina bientôt que celui qui pouvait les prédire, pouvait prédire aussi les malheurs annoncés par ces phénomènes célestes. L'amour de l'étude fit place à une curiosité inquiète ; chacun voulut pénétrer dans les secrets de l'avenir ; alors l'astronome, soit par faiblesse, soit par intérêt, se fit astrologue.

C'est du sein de la Chaldée que sont sortis ces augures superstitieux, ces prophètes imposteurs et cette foule de devins, qui, pendant un si long espace de tems, ont infesté la terre de leur fausse sagesse et de leurs erreurs.

Il est surprenant que les Babyloniens, adonnés à l'art conjectural des augures, n'aient point connu l'art, presqu'aussi conjecturale de la médecine. Il n'y avait à Babylonne ni médecins ni collèges de pharmacie ; et, ce que sans doute nos facultés doctorales, auront de la peine à concevoir, les malades y guérissaient tout aussi bien que dans nos villes modernes encombrées de docteurs et de boutiques d'apothicaires. Les Chaldéens, même suivant le témoignage de l'antiquité, quoique leur vie s'écoulât dans la molesse et dans l'usage immodéré des plaisirs, poussaient leur carrière plus loin que nous.

L'homme attaqué d'une maladie ordinaire, se livrait tout bonnement aux soins de la nature, qui n'avait pas besoin pour le guérir qu'un aveugle vînt, le bâton d'Esculape à la main, lui prescrire la route qu'elle devait tenir. Lorsque la maladie s'annonçait avec des symptômes plus alarmans et moins connus, on exposait le malade sous des portiques fréquentés, où l'un de ses amis exhortait les passans à lui donner les conseils de l'expérience.

Ces mœurs, je n'en doute pas, te paraîtront singulières ; mais, ma chère Sophie, il ne faut pas les condamner seulement parce qu'elles ne sont pas les nôtres. Persuade-toi bien que si les Babyloniens pouvaient fran-

chir l'abîme qui les sépare de nous et devenir nos juges , ils trouveraient nos coutumes encore plus bisarres que nous ne trou-
vons les leurs , et ils auraient peut-être
raison.

J'AI tâché dans cette lettre, et dans mes
deux précédentes , d'esquisser quelques traits
du plan de Babylone et du portrait de ses
habitans; j'aurais voulu par ce tableau , dé-
roulé lentement à tes yeux, reposer ton
imagination fatiguée. Je ne sais jusqu'à quel
point j'ai réussi. Mes brouillons que je viens
de relire me présentent tant d'incohérences,
et me laissent une crainte si forte d'avoir
mal atteint mon but, que si je pouvais
ressaisir les lettres originales , je les déchire-
rais. C'est un repentir tardif, me diras-tu ;
l'impression est faite. Eh ! vraiment je le
sais bien. Voilà l'inconvénient de traiter
par lettres un sujet long et sérieux ; de ha-
cher, pour ainsi dire par petits morceaux ,
ce qui ne peut avoir de grâces que par son
ensemble.

L'idée de répondre mal à ton attente,
et de faire tout le contraire dece que j'ai

médité , vient quelquefois me glacer d'un
juste effroi , je me repentirais presque d'avoir
trop légèrement cédé à tes instances , s'il
était possible que l'amitié connût les tour-
mens du repentir. Non, quand même toutes
mes craintes devraient se réaliser , je ne saurais
jamais me plaindre d'être entré dans une
carrière où d'autres pourront effacer mes
torts. Il est si doux d'obéir à la beauté que
le motif seul me servira d'excuse.

———

LETTRE XLVI.

Conspiration contre Sardanapale. Commencement de l'empire des Mèdes.

JE passe, ma chère Sophie, sur tout ce que tu me dis de consolant sur mes craintes: c'est un éloge que je dois à ton amitié, et dont mon amitié seule doit se prévaloir. Il me suffit que ton intelligence ait encore une fois suppléé au désordre de mes idées, et que, semblable au Dieu de Moïse qui fait jaillir la lumière du chaos, tu aies su tirer parti d'une esquisse confuse pour créer un tableau parfait. Ce que tu m'écris sur Babylone et sur les mœurs de ses habitans surpasse tout ce que j'ai dit et tout ce que j'aurais pu dire.

Tous ceux qui ne sont pas absolument étrangers à la littérature conviennent de la difficulté de l'art d'écrire, sur-tout lorsqu'il sagit d'un ouvrage de longue haleine; mais un talent dont on ne sent pas assez tout le prix, c'est celui de bien lire. Heureux l'auteur qui tombe comme moi entre les mains d'une personne dont l'imagination vive, la conception facile et l'ame expansive répandent sur son ouvrage le charme qui lui manque ! Qui, d'un coup - d'œil rapide, le saisit dans son ensemble, et dont le goût s'arrête avec plaisir sur les détails !

Cet art si rare de refaire un livre à mesure qu'on le lit est sur-tout l'apanage de ton sexe; tu vie... de me prouver que, non-seulement tu sais le refaire, mais encore qu'il te suffit d'écrire pour l'embellir.

Continues-moi la même faveur ; je vais en avoir besoin plus que jamais.

JE t'ai dit, dans ma Lettre XLIVme., que Bélétaras, le vainqueur de Beloch, après un règne de trente ans, avait légué le sceptre à son fils, qui s'endormit sur le trône et communiqua son indolence à tous ses descendans. L'histoire, grâce à ce sommeil léthargique, reste muette pendant un intervalle de six cent-quarante-huit ans (15).

11 *

Sardanapale, le dernier de ces rois fainéans, n'a le droit de fixer nos regards qu'à cause de sa chûte mémorable et du bruit que son trône fit en s'écroulant.

Voici de quelle manière l'histoire nous a transmis cet événement (a):

SARDANAPALE, le plus efféminé des hommes, et le plus lâche de tous les rois, régnait à Ninive. Invisible pour ses sujets, et livré aux excès de la plus honteuse débauche, il laissait flotter au hasard les rênes du gouvernement. L'Assyrie, impatiente de secouer un joug aussi infâme, soupirait après un vengeur: Arbace osa prétendre à l'honneur périlleux de le devenir.

Élevé au milieu des rochers de la Médie, Arbace unissait au courage qui affronte les dangers, la prudence qui prévoit et surmonte les obstacles. Placé à la tête des soldats que la Médie envoyait tous les ans à Ninive, pour servir de garde au souverain, à peine eut-il envisagé les déborde-

***

(a) Diodore, liv. II, parag. 18.

mens d'une cour corrompue qu'il conçut le projet de la punir.

Une nuit qu'il réfléchissait dans sa tente sur les moyens de sauver sa patrie, le chef des gardes Babyloniennes, le Mage Bélésis, s'offrit à ses regards. Jamais, depuis qu'Arbace le connaissait, il ne l'avait vu dans une si grande agitation. Les bras élevés vers le ciel, et les yeux brillans d'un éclat prophétique, il s'avance vers lui : « Ecoute-moi, dit-il, fils de Bélus ; les tems sont arrivés. La race impie des Bélétaras va descendre du trône où les Dieux t'appèlent. Le règne de Ninive est passé. La Médie, à son tour, va donner des rois à l'Univers ».

Après avoir prononcé cet oracle, Bélésis, comme délivré d'un fardeau qui l'oppressait, sentit le calme rentrer dans son cœur ; il tomba aux genoux d'Arbace et le reconnut pour son légitime souverain. Arbace releva affectueusement son ami et feignit de rire de sa prédiction ; mais, au fond, son ame en fut flattée et son courage en acquit une nouvelle activité.

Cependant, avant de rien entreprendre qui pût compromettre sa gloire, le guerrier. Mède voulut voir , par lui-même , si la renommée n'avait point calomnié Sardanapale , et s'il était en effet aussi vil qu'elle l'avait dépeint. Il communiqua son dessein à Bélésis qui lui promis de l'introduire dans le sérail.

Il n'était point aisé d'exécuter ce projet. La mort veillait aux portes du Palais. Cent esclaves, armés de glaives étincellans, écartaient tous ceux que le Prince lui-même n'y appelait pas. L'or qui sait tout éblouir ferma les yeux de ces nouveaux Argus. Parameze leur chef, corrompu par Bélésis, fit entrer Arbace par une issue secrète, et l'ayant caché derrière un voile , le rendit témoin des orgies turbulentes qu'une triple enceinte dérobait aux regards des Assyriens. C'est là qu'il vit l'indigne successeur de Bélus et de Sémiramis , tantôt, le visage fardé , et les sourcils peints , se vêtir de la robe flottante des jeunes Babyloniennes , imiter les chants des courtisannes et leurs postures indécentes ; tantôt , parfumé des essences les plus rares, fatigué , mais non rassasié de plaisirs (a) , s'abaisser, au milieu de

***

(a) Dion , in Excerpt. veles. pag. 762.

ses esclaves, à filer des étoffes de pourpre.

Ce spectacle révolta l'ame du généreux Arbace. Le projet qu'il avait formé ne lui parut que juste, et la vertu même, ajoutant un nouveau ressort à son ambition, il ne sortit du Palais qu'après avoir juré de venger la majesté du trône.

Avant que Sardanapale se doutât de la trame qui s'ourdissait contre lui, et qu'il soupçonnât l'orage prêt à éclater, tous les fils du complot étaient déjà tendus et les nuages porteurs de la foudre s'étaient amoncelés sur sa tête : les Mèdes, les Perses, les Chaldéens, soulevés par Arbace et Bélésis, et une peuplade de Barbares dont ils avaient eu l'adresse de gagner le chef, s'avançaient vers Ninive au nombre de quatre cens mille hommes.

Lorsqu'il ne fut plus possible de dérober au monarque le péril qui le menaçait, et que Sardanapale vit dans toute son étendue l'abîme sur les bords duquel il s'était endormi, il parut un instant sortir de sa léthargie ; il quitta brusquement son sérail, et s'étant mis à la tête de ses troupes, entra pour la première fois dans un champ

de bataille. Cet élan généreux ne fut pas
sans succès. Les Assyriens, ravis d'avoir retrouvé leur souverain, firent des prodiges
de valeur. Arbace et Bélésis déployèrent
vainement et les ressources du courage et
les prestiges de la superstition : leurs soldats, trois fois raliés, furent trois fois mis
en déroute ; le malheur s'attacha à leurs
armes, et, durant trois années consécutives,
il ne cessa de les poursuivre. Dans le dernier combat, Arbace fut blessé, son camp
devint la proie du vainqueur, et Bélésis,
poursuivi jusques dans les déserts de la
Chaldée, ne se déroba qu'à peine à la vengeance de ses propres soldats qui imputaient
leurs revers à ses fausses prédictions.

Il est certain que si le monarque Assyrien, mieux instruit par l'exemple du passé,
fût revenu de ses égaremens, sa couronne,
loin d'être ébranlée par cet événement, se
rafermissait sur sa tête. L'imprudent ne sut
profiter, ni des avantages de la victoire, ni
des leçons de l'expérience ; il retomba dans
des excès d'autant plus dangereux qu'ils
n'avaient plus pour voile l'enceinte impénétrable de son sérail. Ses soldats ne le

virent qu'avec horreur marcher habillé, en femme, au milieu d'eux, et déférer à des courtisannes le commandement de leurs fières cohortes. Ceux de Bactres, moins accoutumés encore à ce spectacle impudique, ne purent point le soutenir ; ils désertèrent tous et allèrent joindre Arbace qui rassemblait les débris de son armée, protégée par les rochers de la Médie.

Malgré les revers qu'il avait essuyé, Arbace n'avait point perdu courage ; instruit par les Bactrians des désordres qui régnaient dans le camp des Assyriens, il part au milieu de la nuit, marche avec une diligence incroyable, et fondant à propos sur des soldats énervés, privés de discipline, il les taille en pièce, et force Sardanapale à chercher, à son tour, son salut dans la fuite.

Sardanapale n'avait point, comme Arbace, une ame capable de résister à ce désastre. Abattu dès le premier coup, il ne songea point à se relever, mais seulement à disputer les lambeaux de sa couronne. Renfermé dans Ninive, il en soutint assez courageusement le siége, jusqu'au moment où le fleuve qui baignait ses remparts, s'étant débordé, il crut, sur la foi d'un ancien oracle, que les Dieux avaient marqué l'heure de son trépas. N'osant point résister à cet arrêt, et craignant sur-tout de tomber vivant entre les mains de ses ennemis, il fit les apprêts de sa mort avec un courage qu'on n'aurait point attendu de lui.

On éleva, par ses ordres, un échafaud immense, soutenu par des poutres de cèdre et de cyprès, dont la base, remplie de bois résineux et de matières combustibles, devait s'enflammer au premier signal (a). Au centre du bucher, on bâtit un appartement magnifique, où se trouvaient cent cinquante lits d'or et autant de tables du même métal. Autour de cette espèce de Palais furent entassés les vases précieux, les bijoux et les richesses que douze siècles de gloire avaient accumulés dans les trésors des rois d'Assyrie. Quand tout fut préparé, Sardanapale, accompagné de ses femmes et de ses favoris, entra dans l'appartement qui devait lui servir de tombeau.

(a) Athénée, *Deipnosoph*. liv. XII.

Il y ordonna le festin le plus somptueux
qui eût signalé les jours les plus brillans de
son règne ; et lorsque les fumées de l'ivresse
eurent obscurci sa raison et celle de ses nombreux convives, et qu'ils commencèrent à
ne mettre plus de bornes à leurs fureurs ba-
chiques, la flamme qui s'élança tout-à-coup
des pieds de l'échafaud enveloppa et dévora
en quelques instans le monarque et sa suite
nombreuse, l'édifice et les richesses immenses
qu'il contenait.

Ainsi périt le dernier roi des Assyriens.
Arbace, maître de Ninive, y entra tandis
que les restes de son infortuné rival fumaient
encore. Ce nouveau Monarque, en transportant dans Ecbatane le trône de Ninive, et
en donnant aux Mèdes la suprématie dont
les Assyriens avaient joui jusqu'alors, devint réellement le fondateur d'un nouvel
empire. Les mœurs, sous son gouvernement, devinrent plus mâles, et le Peuple,
dégradé par douze cents ans d'esclavage,
reprit un instant sa première énergie.

Je finirai cette lettre qui termine l'histoire des Princes Ninivites, en transcrivant
l'inscription que les Mèdes, après leur

victoire, firent graver sur le monument érigé aux mânes de Sardanapale (16).

« Je suis Sardanapale, fils d'Anakinda-
» rax ; j'ai bâti Tarse et Anchialé en un
» jour, et maintenant je ne suis plus.

» Toi qui foules ma cendre, mange,
» bois, livre-toi au délire de l'amour, et
» songe que tout le reste n'est rien ».

Si tu veux relire la fin de ma XLIIme. Lettre, tu verras, Sophie, que ce n'est point là le style employé dans l'épitaphe de Sémiramis, et cette différence, qui te frappera, servira plus que tous mes raisonnemens, à te faire connaître les causes de l'élévation et de la chûte des empires.

Au reste, d'après les calculs les plus judicieux, il paraît que la chûte de Sardanapale arriva vers l'an 1425 de l'Ère de Callisthène, environ deux mille six cens cinq ans, avant l'époque où j'écris cette Lettre.

LETTRE XLVII.

Empire des Mèdes. Bélésis se fait roi de Babylone ; et Ninus II, fils de Sardanapale, règne à Ninive.

JE te faisais pressentir, au commencement de ma quarante-troisième lettre, l'événement dont je viens de tracer le tableau. Il me reste à t'expliquer comment l'empire des Assyriens, étant passé aux Mèdes, il arriva que trois royaumes se formèrent de ses débris.

Arbace, pour récompenser les satrapes qui l'avaient secondé dans son entreprise, les rendit indépendans ; il ne se réserva sur eux qu'un pouvoir à peu-près semblable à celui que l'empereur d'Allemagne exerce, de nos jours, sur les Princes de l'empire Germanique. Content de régner dans Ecbatane, il légua Babylone au Mage Bélésis et permit qu'il y affectât le pouvoir souverain ;

s'étant ensuite laissé toucher par les prières d'un fils de Sardanapale , il lui accorda la permission de relever les murailles de Ninive , et voulut bien qu'il y exerçât une espèce de souveraineté , sous le nom de Ninus second (17).

Tant que vécut Arbace , il sut retenir dans le devoir cette république de souverains , et renfermer chacun de ses tributaires dans les bornes de son gouvernement ; mais lorsque sa mort eut remis dans les mains plus faibles de son fils les rênes de l'état, les satrapes les plus puissans asservirent ceux qui l'étaient moins , et formèrent des ligues formidables. Alors Ninive et Babylone rivalisèrent Ecbatane ; alors les trois Peuples, réunis depuis Sémiramis , se trouvèrent divisés et offrirent autant de puissances indépendantes.

JE suis obligé , pour mettre quelque clarté dans mon récit , de suivre successivement l'histoire séparée de chacun d'eux , jusqu'au moment où Cyrus , en les chargeant des mêmes fers, me permettra de rendre à leur histoire sa première unité.

Mais ils est juste, avant de nous occuper davantage des Ninivites et des Babyloniens, de nous arrêter un moment sur les Mèdes leurs vainqueurs.

IL paraît que ce Peuple, avant d'être subjugué par Ninus et Sémiramis, avait eu des rois ; mais c'est en vain qu'on chercherait à découvrir leurs traces dans la nuit des tems. Tout ce qu'on peut savoir, en interprétant un passage d'Hérodote, c'est que leur premier législateur se nommait Déjocès (a). Ce Déjocès, qu'il faut placer au siècle reculé d'Oannès et bien avant Bélus, rassembla les Mèdes errans ; les tira des forêts où ils vivaient en sauvages, et mérita, par les lois qu'il leur donna, de devenir leur roi. A cette époque leurs mœurs étaient très-grossières. C'était parmi eux un opprobre de perdre la vie dans son lit (b) ; ceux qui échappaient aux hasards des combats où à une mort violente, ils les fai-

(a) Hérodote. liv. I.

(b) Eusèbe. liv. VI. chap. 8.

saient dévorer par des dogues élevés à cet usage. Les flèches dont ils se servaient à la guerre étaient empoisonnées. Enfin, telle était leur férocité, qu'ils se blessaient eux-mêmes, dans leurs solemnités, pour le plaisir de répandre du sang. Ce Peuple, en passant sous la domination des Assyriens, adoucit ses mœurs et même supporta le joug avec assez de patience, puisque durant l'espace de quatorze siècles, il ne se révolta que deux fois : la première révolte, sous le règne de Sémiramis, finit, comme nous l'avons vu, par la prise d'Ecbatane ; la seconde eut un plus heureux succès : elle changea la face de l'Asie.

Arbace qu'elle mit sur le trône s'y comporta en grand homme. Nous venons de voir de quelle manière il récompensa le Mage Bélésis, qui le premier lui avait ouvert la carrière de l'ambition : nous allons voir de quelle manière il lui pardonna son ingratitude.

Bélésis, non content d'avoir acquis la souveraineté de Babylone, résolut de s'approprier encore les trésors de Sardanapale. Instruit que ce Prince les avait fait livrer aux flammes ; il demanda les cendres du bûcher, sous prétexte d'un vœu qu'il avait fait de les consacrer à Bélus. Le crédule Arbace, ne soupçonnant pas le motif sordide de cette demande, les lui accorda ; mais l'armée, ayant appris la supercherie du Mage Chaldéen, réclama contre ce don ; Arbace, pour appaiser les murmures, fut obligé d'assembler un conseil de guerre ; et Bélésis, convaincu de vol, allait recevoir le prix dû à son crime, lorsque Arbace, déployant le pouvoir d'un monarque et le courage d'un ami, cassa la sentence mortelle, pardonna le coupable et le renvoya absous régner dans Babylone.

Ainsi Arbace légitima son usurpation à force de vertus. Sans orgueil, comme sans faiblesse, grand dans les revers, plus grand encore dans la prospérité, il gouverna en père les Peuples qu'il avait subjugués, et mourut après un règne de 28 ans.

Madacuès, son fils, lui succéda et gouverna paisiblement les Mèdes l'espace de treize ans. Sosarmos, fils de Madaucès, hérita de sa couronne et la transmit, après quatre ans de règne, à son fils Artyas.

M A I S tandis que les rois se succédaient rapidement dans Ecbatane, les satrapes de Ninive et de Babylone prenaient tous les jours de nouvelles forces. Bélésis, sur-tout, dont rien ne comprimait plus l'ambition, depuis la mort d'Arbace, affectait une fierté qui ne tarda pas à éveiller la jalousie des Mèdes.

Parsondas, jeune homme de la cour d'Ecbatane, irrité de l'insolence du Mage couronné, et nourrissant au fond du cœur le desir secret de le remplacer, ourdit une trame dont il fut long-tems la victime. Il représenta au conseil d'Artyas combien la conduite de Bélésis était dangereuse : Sardanapale, selon lui, n'avait pas étalé plus de luxe ; son sérail n'avait pas été le théâtre de plus de débordemens. Enfin, il proposa de le déposer. Le vieux satrape, averti de ce complot par ses espions, en prévint l'effet par une perfidie ; il corrompit quelques amis de Parsondas, qui trouvèrent moyen, au sortir d'une orgie, de l'enlever secrètement et de le conduire à Babylone.

LETTRE XLVIII.

Métamorphose de Parsondas. Massacre des Scythes par ordre de Cyaxare. Destruction complète de Ninive.

LORSQUE Bélésis tint son ennemi en sa puissance, il lança sur lui des regards à-la-fois dédaigneux et menaçans : Imprudent, lui dit-il , est - ce toi qui osais conspirer contre le compagnon d'Arbace et le favori de Bélus ? As-tu pu croire, à peine sorti du berceau , que tu échaperais aux regards pénétrans d'un vieillard accoutumé à lire dans l'avenir ? As-tu espéré te soustraire à sa vengeance ? Ton audace mérite la mort ; mais je fais grace à ta jeunesse : c'est elle qui t'égara ; c'est elle qui m'inspire le supplice que tu vas subir. Ce sérail, d'où tu voulais me chasser sera ta prison ; ta main , au lieu du sceptre y portera le fuseau ; ton front, au lieu de couronne , y sera ceint de guirlandes de fleurs. Tu vas changer de sexe , et de guerrier Mède devenir courti-

12 *

sanne Babylonienne. Etudie bien ton rôle;
et songe que le premier mot qui t'échap-
pera, pour le trahir, sera l'arrêt de ta mort.
A l'instant le chef des esclaves est appelé;
il s'empare de Parsondas; il tresse ses cheveux, répand sur lui les parfums les plus
doux, le revêt d'une robe flottante, et la
métamorphose est opérée.

Parsondas, dans la fleur de l'âge, avait
la molesse voluptueuse des femmes d'Assyrie;
sa voix mélodieuse s'unissait sans peine aux
accords de la lyre; d'abord, il soutint avec
succès le rôle difficile qu'on lui imposait;
mais, comme l'avait prévu Bélésis, ce rôle
devint bientôt un véritable supplice que la
crainte d'un trépas certain pouvait seule lui
faire supporter.

Cependant Artyas, inconsolable de la
perte de son favori, le faisait chercher avec
le plus grand soin. Au bout de sept ans
d'efforts inutiles, un esclave de Bélésis, s'é-
tant échappé du sérail de son maître, vint
à Ecbatane et dévoila tout le mystère. Le
roi Mède, en apprenant le sort de Parsondas, entra dans une fureur difficile à dé-
crire; il envoya, sur-le-champ, à Babylone,

un ministre chargé de le réclamer, et lui ordonna, dans le cas où le satrape refuserait d'obéir, de lier ce rebelle de sa ceinture royale et de l'étrangler sans autre forme de procès.

Bélésis, étonné de ce coup d'autorité, et tremblant à la vue du terrible ambassadeur, lui permit de reprendre Parsondas, s'il le trouvait dans son palais. Il le conduisit lui-même au milieu de ses femmes et leur fit exécuter devant lui, au son des instrumens, leurs danses accoutumées. Le Mède, embarassé de retrouver Parsondas, fut obligé de recourir au moyen dont se servit Ulisse pour reconnaître Achille caché parmi les filles de Scyros; il fit donner le signal des combats. A ce bruit imprévu, Parsondas oublia son serment et redevint homme.

De retour à la cour de Médie, il sollicita vivement la vengeance de l'affront qu'il avait reçu. Bélésis fut cité devant un tribunal, où, sans doute, il aurait pour cette fois subi la peine due à son crime; mais il eut recours à son expédient ordinaire : il corrompit ses juges, imposa silence à son ennemi et satisfit le monarque irrité. On assure qu'il donna à ce dernier seulement, cent talens d'or, mille talens d'argent, quatre cents coupes du travail le plus exquis, et un nombre infini de vêtemens magnifiques. Bélésis, à cette époque, devait être d'une vieillesse extrême : son règne, qui finit quelques années après, avait duré cinquante-huit ans.

L'HISTOIRE devient encore d'une aridité désespérante. Les souverains sans caractère qui se succèdent, tant sur le trône de la Médie, qu'à Ninive ou Babylone, ne méritent pas même que tu te donnes la peine de retenir leurs noms aussi durs qu'insignifians. L'un d'eux, nommé Antibarnas, roi des Mèdes, a cependant acquis quelque célébrité à cause de la reine des Saces, Zarine, qui enleva les Parthes à sa domination. Cette Zarine, que les historiens représente aussi belle que valeureuse, fut la Sémiramis de son siècle. Tant qu'elle vécut, les Saces furent libres ; ce ne fut qu'à sa mort que les Mèdes parvinrent à les remettre sous le joug.

Le successeur de cet Antibarnas fut Cya-

xare, dont le nom, adouci par les Grecs,
est devenu fameux. Astiage, son fils, détrôné par Cyrus, laissa passer aux Perses le
sceptre que les Mèdes possédaient depuis la
révolte d'Arbace. Ce Cyaxare illustra sa
vie par deux exploits remarquables : il
renversa Ninive, qui menaçait de reprendre
son antique supériorité, et chassa les Scythes,
dont les hordes vagabondes avaient inondé
ses états.

DEPUIS deux cents ans qu'Arbace avait
changé la forme du gouvernement Assyrien,
Ninive, dont il avait ordonné la destruction, avait profité de son indulgence pour
réparer ses ruines. Ninus II, après l'avoir
gouvernée sous le titre de satrape, la laissa
à Phul son fils, qui l'embellit et y fonda
une espèce de monarchie. Le dernier de ses
successeurs, Sarac, s'attira, par son orgueil,
la colère de Cyaxare.

Ce prince, à la tête d'une armée formidable, fondit sur le satrape rebelle, le
vainquit et vint mettre le siége devant Ninive ; mais au moment où il pressait vivement cette place, des légions innombrables

de Scythes, s'étant égarées en poursuivant les Cimmériens, s'avançaient vers la Médie et menaçaient Ecbatane (a). A cette nouvelle, Cyaxare lève le siége de Ninive, court au devant des Barbares ; mais il est défait, et le torrent dévastateur inonde l'Asie.

Dans cette fatale conjecture, il prend une résolution violente ; il dissimule son ressentiment et offre aux Scythes de faire alliance avec eux. Le traité se conclut ; mais au moment où ils s'abandonnent à une folle sécurité, Cyaxare donne des ordres secrets, et dans une seule nuit les chefs des Scythes, massacrés de sang froid, disparaissent tous du territoire Assyrien.

Cette action barbare pénétra d'horreur tous les Princes voisins. On croit que c'est à cette occasion que le roi de Lydie, Alyatte, voulant venger l'humanité outragée, leva une armée contre Cyaxare. Les deux Princes

_____

(a) Ces Scythes étaient conduits par leur roi Madyes, qu'on croit être l'Indathyrse de Strabon. Georg. liv. I

allaient en venir aux mains, lorsqu'une éclipse
de soleil leur ravit, tout-à-coup, la lumière
du jour ; des ténèbres épaisses couvrirent
les deux armées, et les soldats effrayés dé-
posèrent leurs armes. Certains que le ciel
reprouvait leur inimitié, le roi des Mèdes
et celui de Lydie conclurent une paix, dont
la belle Aryénis fut le gage. Cette jeune
Princesse, fille d'Alyatte, devint l'épouse
d'Astiage, fils de Cyaxare, et quitta Sardes (a),
pour aller habiter Ecbatane. Elle fut la
mère de Mandane, qui, suivant Hérodote,
donna le jour au grand Cyrus.

Cependant Cyaxare, malgré les traverses
qu'il avait éprouvées, n'avait point oublié
son ressentiment contre Sarac. Dès qu'il se
vit tranquille il songea à reprendre son premier dessein. Afin de mieux réussir dans
ses projets, il fit alliance avec Nabuchodonosor, roi de Babylone, et parut, pour
la seconde fois, devant Ninive. Vainement
Sarac essaya de se défendre ; il fut tué dès
le premier assaut. Les vainqueurs ne respec-

_____

(a) Ville capitale de la Lydie.

tèrent point la métropole de l'empire Assyrien ; ils y entrèrent l'épée à la main , la
détruisirent de fond en comble et en dis-
persèrent les habitans dans les bourgades
de la Mésopotamie (18).

AINSI disparut Ninive. Le tems n'était
pas loin où Babylone et Ecbatane allaient
éprouver le même sort. Bientôt devait s'é-
lever, du fond de la Perse , le guerrier terrible à qui il était réservé d'abaisser leur
orgueil. Je vais , ma chère Sophie , te transporter dans cette contrée où nous ne sommes
entrés qu'une seule fois sur les pas de Sémiramis ; nous y verrons croître le jeune
Cyrus , et après avoir étudié quelque tems
les annales de sa patrie et ses dispositions
naissantes , nous sortirons avec lui de la
Perse , pour le suivre dans ses conquêtes ,
célébrer ses vertus ou blâmer ses fureurs.

LETTRE XLIX.

CYRUS.

LA vie de Cyrus a été écrite tour-à-tour
par des poëtes, par des critiques et par des
philosophes ; il serait difficile de dire lequel
de tous ces écrivains a dit la vérité. Il
semble, à lire séparément leurs écrits, que
chacun d'eux ait eu en vue un héros particulier. Excepté le nom du personnage qu'ils
mettent en scène, rien ne se ressemble dans
leur narration : c'est tantôt Gengis-kan et
tantôt Marc-Aurèle qu'ils dépeignent. Suivant
les uns, c'est un guerrier farouche, qui ne
triomphe que pour détruire ; suivant les
autres, c'est un héros ami de l'humanité,
qui ne subjugue les peuples que pour les
rendre heureux.

Je ne m'efforcerai point, ma chère Sophie,
de concilier des autorités tellement opposées ;
je rassemblerai sous un même point de vue

les divers portraits qu'on a faits de Cyrus,
et de ces traits épars je formerai un seul
tableau qui pourra servir de pendant à celui
que j'ai déjà consacré à la mémoire de Sémiramis (19).

ASTIAGE, fils de Cyaxare, régnait dans
Ecbatane : son empire s'étendait en Asie,
depuis la mer Caspienne jusqu'au golfe Persique, et depuis les sables brûlans de l'Arabie
jusqu'aux régions habitées par les Scythes
errans ; souverain des Mèdes, il tenait encore sous sa domination les Perses, les plus
vaillans des Asiatiques ; le roi de Babylone
le regardait comme son seigneur et lui dón-
nait le titre pompeux de roi des rois. Epoux
de la belle Aryénis, fille du roi de Lydie,
rien n'eût manqué à son bonheur, si de
sinistres pressentimens ne fussent venus troubler sa tranquillité. Effrayé d'un rêve qu'il
avait fait, et craignant d'être un jour détrôné
par son petit fils, s'il donnait sa fille à
quelque Prince assez puissant pour conspirer
contre son autorité, il avait pris la résolution rigoureuse d'éloigner de lui le fruit de
son hymen et d'envoyer au fond de la Perse

la jeune Mandane, afin d'y cacher, parmi les rustiques habitans de ces déserts, ses appas et sa naissance illustre.

Alarmé de plus en plus par les prédictions des Mages, à peine le superstitieux Monarque avait vu sa fille parvenue à cet âge où l'amour inspire également les plus simples bergéres et les filles des rois, qu'il l'avait unie à un persan nommé Cambyse, homme d'un rang distingué, mais dont la fortune et les vertus modestes ne pouvaient lui donner aucune inquiétude.

La jeune princesse, satisfaite de rendre ainsi le repos à son père, immola son orgueil, et loin du trône d'Ecbatane, sut trouver le bonheur souvent inconnu sous les lambris dorés. Le seul regret qui depuis douze ans se fût élevé dans son ame paisible et pure, était causé par la perte de son fils que des brigands avaient, presque dès sa naissance, arraché de ses bras. Vainement Cambyse, affligé de ce malheur, tenta tous les moyens propres à découvrir les traces des ravisseurs, rien ne put l'instruire ni des motifs de cet enlèvement, ni du pays où les barbares avaient caché leur proie. Astyage

même, que les deux époux informèrent de
cet accident, déploya sans succès toutes les
ressources de son pouvoir : le jeune Cyrus,
c'était ainsi que Mandane avait nommé son
fils, paraissait perdu pour toujours.

D'abord la douleur de cette mère infortunée, fut sans bornes ; mais enfin le tems
à qui rien ne résiste, parvint à calmer ses
regrets, et les changea en une douce mé-
lancolie. Astiage, voyant qu'elle ne lui parlait plus de son fils, la crut entièrement
consolée et se félicita de ne plus recevoir
ses lettres trempées de ses larmes.

Un jour qu'il donnait audience à ses
Peuples, le plus altier de ses satrapes, Artambar, s'offrit à ses yeux ; il était vêtu
d'une robe de deuil et conduisait par la main
son jeune fils les yeux baignés de pleurs.
Lorsqu'il fut parvenu aux pieds du trône,
il s'inclina profondément, et sans proférer
une parole, découvrant les épaules de l'enfant, il fit voir au roi les marques sanglantes
des verges dont elles avaient été récemment
frappées. Son silence et son action éton-
nèrent également Astiage, qui lui ordonna
de parler. « Mon fils, dit-il, avec l'accent

de la douleur, mon fils vient de subir le châtiment des esclaves ; il n'avait cependant offensé ni les Dieux, ni le roi, ni son père : ce n'est ni par vos ordres ni par les miens qu'il a été frappé ; un pâtre insolent a osé se déclarer son maître ».

Alors Artambar raconta que dans un village de la Médie, des enfans, en jouant entr'eux, avait choisi pour leur roi le fils d'un bouvier nommé Mytradate. Cet enfant, qui d'abord paraissait humble et grossier, comme le sont ordinairement les enfans des bergers, n'avait pas plutôt été revêtu de ce titre par ses petits camarades, qu'il s'était comporté en véritable monarque ; il avait créé des gardes, nommé des couriers pour porter ses ordres, et des ministres pour les exécuter; et comme le fils d'Artambar, jaloux de cette préférence, refusait d'obéir, le jeune pâtre l'avait fait prendre par ses satellites et lui avait fait subir le supplice des esclaves rebelles. « Est-ce ainsi, s'écria le satrape en terminant son récit, que les enfans de vos ministres doivent être traités ? Souffrirez-vous que le dernier de vos sujets s'arroge des droits qui n'appartiennent qu'à vous ? »

Astyage eut à peine entendu ces paroles qu'il entra dans une grande colère, et contre le fils qui se permettait des actions aussi coupables et contre le père qui les souffrait. Il ordonna qu'on les amenât l'un et l'autre devant lui.

LES Soldats, chargés de l'exécution de cet ordre, arrivèrent en peu de jours à la cabane de Mytradate. Tout ce que le malheureux berger put obtenir d'eux ce fut la permission de passer encore une nuit dans ses foyers et de différer son départ jusqu'au lendemain matin.

Pendant cette intervalle il s'appliqua à rassurer sa femme que cet appareil militaire remplissait de terreur ; ensuite, ayant appelé l'enfant dont l'audace avait irrité Artambar, il le conduisit dans l'endroit le plus retiré de sa demeure, où il lui parla en ces termes :

« Vous voyez quels malheurs votre orgueil est près d'attirer sur nous. Nous allons paraître devant le roi déjà prévenu par celui dont vous avez maltraité le fils ; rien ne peut nous soustraire à son ressentiment. Ainsi j'ai fait, depuis douze ans, d'inutiles efforts

pour détourner les maux qui m'ont été pré-
dits dès votre naissance : votre caractère
inflexible a mis ma prévoyance en défaut.
J'ai cru, en vous élevant parmi des bergers,
vous inspirer leurs habitudes et le goût de
leurs travaux ; je me suis trompé. Nul ne
peut vaincre sa destinée, et la vôtre dépend
sans doute du sang dont vous êtes né. Vous
me regardez avec surprise ; vous ne savez à
quoi attribuer ce discours : un seul mot va
dissiper tous vos doutes. Vous n'êtes pas
mon fils. »

« Je ne suis point votre fils ! s'écria le
jeune berger, en quittant vivement le banc
où l'avait fait asseoir Mytradate, et vous
connaissez mon père ! Ah ! sûrement ce n'est
pas un berger ; car je n'aime pas les troupeaux. Tant mieux s'il ressemble à ces soldats qui nous viennent chercher ; il me
donnera de belles armes, des arcs et des
javelots, pour aller à la chasse ! »

« Je ne connais point votre père, et je
ne sais s'il a des arcs et des javelots ; tout
ce que je sais, je vais vous le dire. Asseyez-
vous et m'écoutez attentivement. »

L'enfant s'assit à ces paroles ; mais il ne

2   17

put s'empêcher de répéter tout bas , de belles armes ! des arcs et des javelots ! Mytradate poursuivit ainsi son discours.

« Si j'en juge par la hauteur du jeune palmier que je plantai au-devant de ma cabane , le même jour que je revins avec vous d'Ecbatane , il y a bientôt douze ans que vous me fûtes confié, non pour vous élever ainsi que je l'ai fait sous le nom de mon fils , mais pour vous exposer sur la montagne la plus déserte de cette contrée, afin que vous y fussiez dévoré par les bêtes sauvages. Voici de quelle manière cela arriva :

» Un jour que j'étais occupé à garder mes troupeaux , on vint m'avertir , de la part d'Harpage , le favori du roi mon maître, de me rendre sur-le-champ à Ecbatane. Je m'y rendis. Je ne m'attendais guère aux choses dont j'allais y être témoin.

» Lorsque j'entrai dans la maison d'Harpage, je la trouvais remplie de deuil ; chacun y paraissait accablé de tristesse. Dès qu'il m'apperçut, il me prit par la main , et m'ayant conduit dans l'intérieur d'un appartement où étaient sa femme et ses filles , il me montra, dans un berceau de bois de

rose , un enfant nouveau né , enveloppé de
langes d'une finesse admirable et couvert
de riches étoffes. Cet enfant, c'était vous. La
femme d'Harpage soutenait votre tête de
l'une de ses mains , tandis que de l'autre
elle vous donnait à sucer une éponge trem-
pée dans du lait. A mon aspect, ses larmes
qui coulaient en abondance , redoublèrent, et
ses filles se pressèrent autour de votre berceau, comme pour vous défendre de mon
approche ; mais lui, les ayant écartées , me
dit d'un ton de voix sévère : « Mytradate ,
prends cet enfant avec le berceau qui le
renferme et porte-le dans ta cabane ; le roi
veut qu'il soit exposé sur la montagne la
plus déserte de la contrée que tu habites , et
qu'il y meure. Je te charge d'exécuter sa
volonté. » Alors , sans me donner le tems
de revenir de ma surprise , il vous remit
entre mes mains et me fit sortir de sa
maison , malgré les cris des femmes , ré-
voltées de tant de cruauté.

« Je devais, au bout de trois jours , lui
rendre compte de votre mort et montrer
votre cadavre à l'un de ses officiers. Je ne
sais comment j'aurais fait pour étouffer la

13 *

pitié qui s'élevait dans mon ame, si le hasard le plus heureux ne fût venu à mon
secours.

» Au moment où je revenais avec vous
d'Ecbatane, celle que vous avez si long-
tems cru votre mère, la bonne Oyno, ma
femme, était accouchée d'un fils, que le ciel,
impénétrable dans ses desseins, m'avait
ravi même avant de lui donner le jour. A
peine eut-elle appris le sujet de mon voyage,
qu'elle conçut le projet de vous sauver. Vaincu
par ses instances, je fermai les yeux sur
les périls dont je m'environnais; je vous
revêtis des langes grossiers destinés à mon
fils, et le mettant lui-même à votre place,
j'allais l'exposer sur un rocher sauvage. Cé-
pendant Cyno vous prit entre ses bras, et
vous baignant de ses larmes, vous offrit
son sein que vous prîtes avec avidité. Ainsi
la bonne Cyno acquit plus de droits au
titre de votre mère que celle qui vous avait
porté dans ses flancs, puisqu'elle vous con-
serva la vie que l'autre n'avait fait que
vous donner, et qu'elle vous nourrit de
son lait, lorsque vous étiez destiné à servir
vous-même de pâture aux bêtes féroces.

» L'officier, envoyé par Harpage, vint au jour indiqué; il vit le cadavre de mon fils, et retourna à Ecbatane content de mon obéissance. Cependant vous fûtes élevé dans ma cabane, et tous les bergers des environs, trompés sur votre naissance, vous nommèrent mon fils.

» Vous étiez encore au berceau, lorsque les fêtes de Mythras appelèrent la foule de nos Pasteurs au temple de ce Dieu; le Mage qui desservait ses autels était célèbre pour ses oracles; son œil perçant dévoilait le passé et lisait dans l'avenir; je résolus de le consulter sur votre sort. Je pénétrai dans le Sanctuaire, et je vous présentai à ses yeux. A peine vous eut-il envisagé, qu'il s'écria : « O vaine prévoyance des hommes ! » précautions funestes ! le lion terrible s'élève » au milieu des brebis ; l'aigle audacieux » partage le nid des tendres colombes !...... » ..... Tremble, vieillard insensé, tremble; » tu crois tromper les Dieux : c'est toi que » les Dieux ont trompé...... Bientôt ce lion, » avide de sang, va sortir de son repaire » et s'élancer sur toi....... » A ces mots, et comme si un pouvoir surnaturel eût en-

chaîné sa langue, le Mage cessa de parler ;
et moi, saisi d'un effroi religieux, je sortis
du temple.

» Voilà l'oracle qui me fut rendu, et
que votre imprudence est près de vérifier ;
car je ne doute pas que le roi ne pénètre
tôt ou tard ma supercherie, et qu'Harpage
ne me punisse de l'avoir trompé. Ainsi j'aurai,
suivant les paroles du Mage, renfermé parmi
mes brebis le lion qui me dévorera ; mais
quel que soit le sort qui m'attend, je ne
saurais me repentir de ce que j'ai fait. J'aime
mieux perdre la vie que d'avoir à me repro-
cher la mort d'un enfant lâchement abandonné. Oui, mon fils, car j'aime encore à
vous donner ce nom, vivez, s'il le faut,
aux dépens de mes jours ; et puissent vos
ennemis épuiser sur moi le courroux dont
j'ai su vous sauver ! »

En finissant son discours, Mytradate pressa
sur son sein l'enfant qui s'était vivement
élancé vers lui, en s'écriant : « Qu'on me
donne des armes, et j'empêcherai bien que
personne ne vous fasse du mal. Est-ce que les
enfans du hameau ne m'avaient pas choisi
pour leur roi ? Pourquoi le fils d'Artambar

n'a-t-il pas voulu m'obéir? Soyez tranquille, mon père, et partons pour Ecbatane ».

Dès le lendemain ils partirent en effet ; et les soldats d'Astyage, suivant les ordres qu'ils avaient reçus, les firent paraître l'un et l'autre devant ce Monarque.

LETTRE L.

Suite de l'histoire de Cyrus.

Au moment où Mytradate, et le jeune enfant qui passait pour son fils, parurent devant Astyage, le satrape outragé était auprès du trône ; il semblait par sa présence ajouter à l'appareil que le roi avait affecté de donner à une cérémonie, dont peut-être il ne se promettait que de l'amusement. Dès qu'Astyage vit le jeune pasteur, il prit un ton sévère, et lui adressant la parole, lui demanda les raisons de la conduite hardie qu'il avait tenue envers le fils d'un des premiers de son empire. Il croyait au premier mot que l'enfant, interdit, allait se précipiter à ses pieds ; il s'apprêtait à jouir de son embarras enfantin ; mais semblable à l'aiglon généreux qui, à peine échappé du nid solitaire qui l'a vu naître, élève ses regards vers les cieux et les attache sur l'astre

éclatant du jour, tel le jeune berger envisage
le Monarque, et sans se laisser intimider
par l'éclat dont il est environné, répond
avec assurance, qu'il n'a rien fait qu'avec
justice. « Les enfans du hameau, dit-il,
m'avaient choisi pour leur roi; ils obéissaient
tous à mes ordres; un seul, jaloux d'une
autorité puérile qu'il ne devait pas envier,
le fils d'Artambar, a refusé de m'obéir;
j'ai cru que cette offense rejaillissait sur vous,
et je l'ai puni comme son père même eût
mérité de l'être s'il se fût montré rebelle
à votre pouvoir. Si pour cette action, que
j'ai cru juste, vous me jugez coupable, me
voilà prêt à subir mon châtiment ». Tandis
qu'il parlait ainsi, Astyage l'écoutait avec
un étonnement qui redoublait à chaque mot:
le geste animé de cet enfant, ses traits, le
feu de ses regards, sa contenance à-la-fois
décente et fière, tout annonçait un caractère
au-dessus de son âge, et sur-tout de sa
naissance. Etonné de ce qu'il entendait, et
l'ame agitée d'un secret pressentiment, Astyage crut voir devant lui son image vivante;
un mouvement de crainte qu'il ne fut point
le maître de réprimer, le fit pâlir; alarmé

sans pouvoir démêler les causes de ses alarmes, il resta quelque tems sans parler ; enfin, faisant effort sur lui - même, il congédia Artambar, en lui promettant de lui faire rendre justice ; et n'ayant retenu que le vieux Pasteur et son fils, il les interrogea l'un et l'autre sur ce qu'il desirait savoir.

Mytradate voulut d'abord éluder ses questions ; mais l'enfant, incapable de rien dissimuler, découvrit tout ce qu'on lui avait appris touchant sa naissance. Le roi l'eut à peine entendu, que feignant une satisfaction qu'il était bien loin d'éprouver : « Votre sort m'intéresse, lui dit-il; je veux en attendant que vous ayez retrouvé votre père, vous en tenir lieu et prendre soin de votre fortune. Alors , ayant appelé l'un de ses serviteurs , il lui commanda, à haute voix, de conduire les deux étrangers dans un appartement du Palais ; ensuite, il lui donna, à voix basse, quelques ordres secrets.

Cependant il manda Harpage, contre lequel il avait de grands motifs de colère ; et, lorsqu'il l'apperçut il le fit entrer dans un lieu retiré, où il le retint long-tems. Lorsque cet officier quitta le roi, il était facile de voir, à l'altération de ses traits et à la pâleur de son visage, que l'entretien qu'il venait d'avoir avait été vif, et qu'il en redoutait les suites.

LES ombres de la nuit couvraient Ecbatane ; Mytradate et le jeune berger se livraient au repos ; tout-à-coup, la porte de leur asile s'ouvre; éveillés par le bruit, ils regardent, et voyent entrer à la lueur d'un flambeau, un vieillard qui s'avance vers eux : c'était Harpage, qui, vivement ému d'un rêve qu'il venait de faire, et connaissant le péril dont les deux étrangers étaient menacés, accourait à leur secours. Mytradate le reconnut d'abord ; mais sans lui donner le tems de revenir de sa surprise : « Imprudent vieillard, lui dit-il, qu'as-tu fait ? Pourquoi m'as-tu trompé ? Ne devais-tu pas exécuter mes ordres ? Mais hélas, c'est en-vain que tu l'aurais voulu ; je sens qu'un pouvoir au-dessus de celui d'Astyage veillait sur le sort de Cyrus. Les Dieux ne veulent pas qu'il meure, puisqu'en ce moment même ils me poussent, et l'arrachent, par mes mains, au plus affreux danger. Malheureux enfant, continua-t-il, hâtez-vous de fuir ; partez :

un Persan qui m'est dévoué, et qui connait
votre père, va vous guider auprès de lui.
Allez, et n'oubliez pas qu'Harpage sacrifie
pour vous son repos et peut-être sa vie. »
Il le prit par la main en prononçant ces
paroles, et ayant fait signe à Mytradate de
les suivre, il les conduisit l'un et l'autre à
travers de longs et ténébreux détours, hors
de l'enceinte du Palais, auprès d'un monument solitaire, où les attendait le Persan
dont il leur avait parlé. Il les fit monter
tous les trois sur des coursiers rapides, que
la Scythie avait nourri dans son sein, et leur
recommanda de s'éloigner à grands pas.

Mytradate, le jeune enfant et leur guide,
marchèrent toute la nuit, et le lendemain
ils ne s'arrêtèrent que pour prendre quelque repos. Toujours suivant les chemins
les plus rudes et les plus déserts, ils tra-
versèrent les montagnes qui séparent la
Médie du pays des Perses, et poursuivant
leur route vers le midi, arrivèrent enfin dans
un vallon fertile, où Cambyse et son épouse
Mandane, avaient établi leur séjour. Le
Persan, porteur des instructions d'Harpage,
se présenta devant eux, et tirant une bande

de parchemin qu'il avait portée à la manière des couriers, roulée à l'entour de sa baguette, il la leur remit.

A peine Cambyse eut-il jeté les yeux sur les caractères mystérieux qu'elle contenait, qu'il s'écria dans un transport de joie : Quoi! les Dieux auraient enfin pitié de nos douleurs! Ils pourraient, après douze ans de regrets, nous rendre notre fils! Et se tournant vers le guide, il lui demanda où étaient les marques qui devaient appuyer ce récit. Le guide lui présenta une chaîne d'or au bout de laquelle pendait une médaille antique, et lui montra la même figure empreinte sur la poitrine de l'enfant. La tendre Mandane ne douta point à cette vue de la réalité de son bonheur; elle s'élança vers son fils, et cédant au plus doux sentiment de la nature, le pressa sur son sein et l'arrosa de ses larmes; Cambyse, non moins sensible que la fille d'Astyage, le prit à son tour entre ses bras et le nommant Cyrus, lui rendit un nom que sa valeur devait inscrire aux fastes de l'immortalité.

Cependant les deux époux étaient également empressés de connaître quel hasard fortuné leur rendait leur fils ; le Persan, à qui Harpage avait confié tout ses secrets, ne voulut satisfaire leur curiosité, qu'après avoir mis le jeune Cyrus à l'abri des recherches qu'il savait trop bien que le roi des Mèdes ne manquerait pas de faire. Cambyse, à qui il témoigna ses craintes, les fit partir l'un et l'autre sous la garde de quelques esclaves fidèles, qui les conduisirent, par des sentiers dont ils avaient seuls la connaissance, jusques dans un Pyrée antique, où le maître de l'Univers, Orosmade, était adoré sous l'emblême du feu.

Ce Pyrée, situé dans un lieu solitaire, au milieu des rochers les plus sauvages de la Susiane, servait d'asile à un vieillard, le plus savant des disciples de Zoroastre, et le dépositaire de tous ses secrets. Hystaspe était son nom. Les bergers du Choaspès (a), témoins des merveilles qu'il s'avait opérer, croyaient la nature soumise à son pouvoir magique ; ses rivaux redoutaient ses vertus ; ses amis admiraient la sagesse profonde qui respirait dans ses discours. Courbé sous le poids de

(a) Fleuve de la Susiane.

l'âge, son intelligence semblait en braver les atteintes, et lorsque ses cheveux blancs annonçaient au-dehors les glaces de l'hiver, son génie actif concentrait dans son cœur tous les feux de l'été. Il reçut avec joie le dépôt précieux que lui confiait Cambyse ; et dès le même jour, le jeune Cyrus, revêtu par ses mains de la robe des initiés, passa pour l'un des jeunes bergers destinés à entretenir le feu sacré sur les autels d'Orosmade.

Tranquilles désormais sur le sort de leur fils, Cambyse et Mandane ne tardèrent pas à le venir joindre. Ils avaient prudemment écarté tous les soupçons qui pouvaient naître de leur absence. Impatiens d'entendre le récit que l'ami d'Harpage devait leur faire, ils se réunirent dans le lieu le plus secret du Pyrée, d'où le sage vieillard avait eu soin d'éloigner tous les profanes.

LETTRE LI.

Suite de l'histoire de Cyrus. Notions sur l'ancienne Perside.

L'A M I d'Harpage, s'adressant à la sensible Mandane, commença son récit en ces termes : « Je n'ai pas besoin de vous rappeler l'instant où le jeune Cyrus, à peine âgé de quelques jours, fut arraché à votre tendresse ; ce souvenir déchirant pour le cœur d'une mère, doit y être gravé en traits inéfaçables. Je ne doute pas que vous ne frémissiez encore à l'image effrayante de ces brigands armés, qui, se précipitant dans vos foyers sur les corps expirans de vos esclaves, ravirent, malgré vos cris et les efforts de votre époux, votre fils, l'unique fruit de vos amours. Vous avez ignoré, jusqu'à ce moment, quelle puissante main guidait leur troupe impie ; il est tems que le voile qui couvre ce forfait soit déchiré : l'auteur de ce complot atroce, c'est Astyage... « Ciel !

mon père. » Oui, belle Mandane, votre père lui-même. Apprenez quels motifs l'ont armé contre son propre sang.

» L'hymen vous unissait à l'heureux Cambyse, et la Perse, au comble de la joie, attendait avec impatience les gages qui devaient cimenter cette union. Lorsque Astyage, déjà troublé par de tristes pressentimens, fit un rêve assez étrange. Il crut voir sortir de votre sein une vigne fertile, dont les rameaux, se déployant avec orgueil, s'étendirent sur son empire et couvrirent toute la terre. Ayant communiqué ce songe aux Mages d'Ecbatane, il en apprit que l'enfant à qui vous donneriez le jour usurperait son trône et régnerait à sa place. Justement effrayé de cette prédiction, il résolut d'arrêter le mal à sa source et d'étouffer, dès sa naissance, le successeur dont il était menacé. Il fit épier l'instant marqué pour votre délivrance ; et lorsqu'il fut arrivé, ses satellites enlevèrent votre fils. Dès qu'il l'eut en sa puissance, il appela Harpage, celui de ses ministres en qui il avait le plus de confiance, et le lui ayant remis entre les mains, paré des ornemens que vous avez reconnus, lui ordonna de le faire mourir.

» Vous frémissez, Madame ! Harpage, qui m'a raconté toutes ces choses, frémit comme vous en entendant cet ordre barbare ; mais c'est envain que la nature se rébellait dans son cœur, il ne pouvait se dispenser d'obéir au monarque. Il prit l'enfant et le porta en pleurant jusque dans sa maison. C'est là que pour ne point tremper ses mains dans le sang d'une créature si tendre, il envoya chercher Mytradate, à qui il transmit l'ordre d'Astyage.

» Les Dieux, qui veillaient sur le sort de Cyrus, attendrirent le cœur du berger comme ils avaient attendri le cœur d'Harpage, et cependant ils étendirent un voile trompeur sur les yeux du roi. Astyage crut l'objet de ses terreurs détruit, et ses craintes se dissipèrent.

» Jugez quelle a été sa surprise, en retrouvant ce même objet dans un jeune homme audacieux qui décèle dans toutes ses actions une origine illustre ; il a dissimulé son trouble ; il a feint une compassion étrangère à son cœur ; mais je ne puis vous cacher que son intention ne fût de sacrifier à ses craintes superstitieuses et votre fils et celui qui l'avait sauvé, cette nuit même où Harpage, averti par un songe prophétique du péril qui les menaçait, vint heureusement à leur secours ».

Le Persan ayant fini son récit, Cambyse et le sage Hystaspe se concertèrent ensemble pour épaissir de plus en plus les ténèbres qui environnaient la retraite du jeune Cyrus ; et lorsqu'ils eurent pris toutes les précautions suggérées par la prudence, ils se séparèrent. Mandane n'abandonna qu'avec la peine la plus vive un fils qui lui était si cher ; il fallut plus d'une fois l'arracher de ses bras. Enfin elle céda à l'impérieuse nécessité. Les deux époux retournèrent dans leurs foyers, et cependant Mytradate resta dans le Pyrée, de peur que son retour dans les montagnes de la Médie ne trahît le secret qu'on avait tant d'intérêt à cacher.

Ainsi le jeune Cyrus, protégé par une main divine, échappa deux fois aux fureurs superstitieuses de son aïeul. Hystaspe, à qui

14 *

son éducation se trouvait désormais confiée, ne négligea rien pour inspirer à son élève les vertus qui constituent l'ame des héros, et pour façonner son corps aux exercices qui en déterminent les grâces. Ses instructions, semblables aux graines fécondes que répand la main du laboureur sur un sol habilement préparé, se développèrent au-delà de ses espérances. Grâce à ses soins, Cyrus s'enrichit de tous les fruits du savoir : il joignit à la force de la jeunesse, les vues profondes de l'âge viril et l'expérience, qui n'est ordinairement l'apanage que d'une vieillesse avancée. Rien n'eût manqué à ce jeune héros, si son instituteur, en cultivant son ame, en eût pu aussi facilement arracher les plantes vicieuses dont Arimane y avait jeté les germes : ces plantes étaient l'orgueil, l'ambition, et cette passion effrénée qui précipite l'homme au milieu des combats, et lui fait placer la gloire sur des débris fumans de carnage et de dévastation. Cyrus était né pour être conquérant. Le Dieu de la Guerre avait inscrit son nom sur la liste sanglante de ses favoris.

Ce fut envain qu'Hystaspe essaya d'éteindre cette ardeur funeste : les moyens mêmes dont il se servit d'abord ne firent que lui donner plus d'activité. Voyant enfin que la nature, plus puissante que lui, paralysait ses efforts, il résolut du moins de tempérer cette flamme par la connaissance profonde de la morale et de l'histoire des peuples.

I L y avait dans le Pyrée un lieu consacré à l'étude et à la méditation. C'est là que le Sage avait rassemblé l'amas vénérable des ouvrages de Zoroastre, le législateur des Bactrians, et les annales de sa patrie écrites dans la langue sacrée des Péris ; c'est là qu'il conduisait son élève, lorsque las de poursuivre les bêtes farouches et de gravir les rochers qui entouraient leur asile, Cyrus venait se délasser à ses doctes leçons.

Un jour, le vieillard ayant mené le jeune héros dans ce réduit solitaire, lui dit « : La contrée où vous êtes né, mon fils, n'a point toujours été asservie à des étrangers ; il fut un tems où la Perse florissante n'obéissait qu'à des rois qu'elle - même avait choisis. Plus de trente siècles avant Sémiramis, et lorsque les Mèdes n'existaient pas

encore, les Dives gouvernèrent la Terre.
Les Dives avaient succédé aux Elamites (20);
aux Dives succédèrent les Péris, ces vainqueurs superbes qui chassèrent dans les montagnes de Damavend la race puissante des
Dives. L'Univers a retenti des exploits de
leurs héros ; et si la Perse a subi le joug
ignominieux des enfans d'Eblis, il ne faut
en accuser que la mollesse de leurs successeurs, qui ont préféré l'éclat du luxe à la
rigidité de leurs premières vertus.

Est-il possible, s'écria Cyrus, que ces
héros dont vous me parlez aient eu des enfans
aussi indignes d'eux? « — La dégradation des
Péris n'est point venue tout-à-coup, mais
graduellement. Au moment où les hordes
vomies par les rochers du Caucase, envahirent
notre patrie, il y avait long-tems que le
Peuple de Gian-ben-Gian était corrompu. —
Et depuis cette époque, il ne s'est pas trouvé
un seul homme parmi les descendans de ces
braves Péris qui ait osé secouer les fers de
la Perse pour les rejeter sur les barbares qui
les ont forgés ? — Pas un seul. La Perse,
tour-à-tour sujète des Babyloniens et des
Mèdes a vainement gémi.... — Elle ne gémira

pas toujours; et peut-être l'instant de sa délivrance n'est pas loin ».

En prononçant ces mots, le jeune homme
agite fièrement un javelot qu'il tient encore à la main; et l'éclat extraordinaire
qui sort de ces yeux est comme l'éclair
qui annonce l'explosion de la foudre. Il se
calme à la voix du vieillard; mais brûlant
de connaître les exploits dont son instituteur vient de lui parler, il se livre de plus
en plus à l'étude. Il abandonne les fatigues
de la chasse pour des occupations plus douces;
l'écho solitaire des forêts est moins souvent frappé de ses cris; les livres des Péris
remplacent dans ses mains les dards et les
javelots de leurs vainqueurs.

Il lit dans ces livres sacrés comment la
Perside, après avoir été occupée l'espace de
sept mille ans par une race de créatures,
nommées Dives, passa sous la domination
des Péris, qui la gouvernèrent à leur tour
pendant vingt siècles; il parcourut avec enthousiasme ces annales où les vérités historiques sont enveloppées sous l'écorce brillante
des fables; il voit la nature, enchaînée par
un pouvoir magique, obéir à ces êtres pri-

vilégiés. Les Dives puissans et forts étaient
des géans terribles faits pour gouverner la
terre ; les Péris, meilleurs et plus sages, étaient
des créatures aimables faites pour l'embellir.
Les Dives étaient mâles et les Péris femelles :
emblême charmant employé sans doute par
les historiens de ces tems antiques , pour
désigner la division du genre humain en deux
sexes ; l'un , à qui les Dieux ne semblent
avoir donné la force et l'attitude du commandement que pour suppléer à la faiblesse
de l'autre , sur lequel ils ont versé leurs
bienfaits les plus rares : la beauté et l'attrait
irrésistible du plaisir.

Tu peux te rappeler, Sophie , ce que j'ai dit
des Dives et des Péris , en te parlant, dans
ma XVIIe. lettre , de l'histoire primitive
de l'Asie ; je n'oserais te proposer de rejeter
les yeux sur cette lettre, car ce serait encore
abuser de ta patience , dont réellement je
n'ai déjà que trop abusé.

LETTRE LII.

Histoire des Perses , antérieure à Cyrus.

CEPENDANT Cyrus , après avoir parcouru les livres des Péris , commençait à étudier les ouvrages de leurs successeurs ; mais à mesure qu'il s'éloignait des premiers âges , l'histoire dégagée du merveilleux dont le tems l'enveloppe sans cesse , se montrait plus simple et semblait perdre de son intérêt. Hystaspe , sentant la nécessité d'égayer ses travaux en les partageant, et voulant lui sauver l'ennui des recherches insipides, le conduisit un jour hors du Pyrée, et l'ayant fait asseoir à côté de lui , sur le penchant d'une colline d'où la vue s'étendait au loin sur la campagne , lui parla en ces termes :

« Vous avez vu, mon fils, de quelle manière le Peuple de Gian-ben-Gian fut détruit. Le cruel Eblis, pour punir l'orgueil de ce Monarque insensé, s'élança des gouffres profonds de Damavend, et secoua sur lui les fléaux destructeurs dont ses mains sont toujours armées : Arimane rompit ses chaînes de diamans ; le mal triompha. Ainsi l'or-donnait le puissant Orosmade, le juge im-muable des rois et le maître des empires.

» Long-tems la terre n'offrit que confu-sion et ravage : tantôt les flots déchaînés en couvraient la surface ; tantôt les feux dévo-rans en déchiraient le sein. Les mortels qui échappaient à la mort, dispersés sur des rochers arides, en proie à tous les besoins, éprouvaient le sort le plus affreux.

» On dit qu'Orosmade, touché de leur misère, résolut enfin de les secourir. Il choisi, parmi ces malheureux, deux êtres intéressans, un homme et une femme, et versa sur eux ses bienfaits les plus rares. Les noms de ces époux fortunés ont varié suivant le génie ou la langue des Peuples qui en ont conservé le souvenir ; mais ceux qui paraissent avoir prévalu son *Adimo* pour l'homme, *Evah* ou *Procriti* pour la femme (21).

» Orosmade éclaira leur entendement, les instruisit lui-même, et reposa sur eux les branches divisées de la grande famille du genre humain. Comblés des faveurs suprêmes, Adimo et Procriti, s'il faut en croire les traditions antiques, (a) n'en surent point profiter ; Eblis tenta leur faiblesse et les entraîna dans la désobéissance. Orosmade, justement irrité, retira un moment la main puissante qui leur servait d'appui ; ils tombèrent dans leur premier état de misère et de mort. On a raconté diversement l'histoire de leur châtiment. Voici ce que disent nos annales :

» Adimo, que l'amour avait rendu coupable, fut séparé de l'objet qui avait causé son crime. Un nuage épais, interposé entre lui et la belle Procriti, l'empêchait de la voir ; et quoiqu'ils se cherchassent sans cesse, ces deux époux ne se rencontraient jamais.

» Une nuit qu'Adimo, fatigué de ses vaines recherches, dormait loin de l'objet de sa

---

(a) Il existe un livre arabe, intitulé *Cai-Omaras Nameh*, où cette histoire est consignée.

passion, il crut, dans l'erreur d'un songe voluptueux, revoir son épouse et la serrer dans ses bras. La terre qu'il embrassa dans son délire, devint féconde, et quelque tems après produisit une plante, qui, se développant graduellement aux rayons caressans du soleil, prit la forme d'un homme.

» Cet homme, qui porta dans la suite le nom de Kai-Omaras, fut le premier roi du Monde renouvellé ; (22) il rassembla les hommes renfermés dans des Cavernes ; les rassura, et leur ayant persuadé de vivre de nouveau en société, leur fit bâtir des maisons et des villes. Grâce à ses soins, l'air dégagé des exhalaisons pestilentielles, qu'y entretenaient les eaux croupissantes des marais, s'épura, et la terre se couvrit de verdure et de fleurs. C'est à lui qu'on fait remonter la fondation des villes les plus florissantes de la Perse ; c'est à lui qu'on attribue l'invention de la charrue et de la fronde: ainsi il apprit aux hommes à se dérober aux intempéries des saisons, à pourvoir à leur subsistance, et à se défendre contre leurs ennemis.

» Nathek, l'aîné de ses fils, ayant été tué à la chasse, Kai-Omaras en conçut un tel chagrin qu'il résolut d'abdiquer le pouvoir suprême : il appartenait sans doute à celui qui, le premier, avait mérité de monter sur le trône, de donner le premier l'exemple d'en descendre. Siamek, son fils, ou selon d'autres son petit-fils, fut son successeur ; mais son règne fut de courte durée : il fut assassiné à la fleur de son âge par des géans.

» Jugez, mon fils, de la douleur de Kai-Omaras à cette nouvelle ! La première perte qu'il avait faite, l'avait engagé à céder la couronne ; le desir de venger celle-ci la lui fit reprendre. Il remonta sur le trône et, après avoir puni les assassins de son fils, ordonna des funérailles superbes en son honneur ; il voulut que le feu, allumé sur le tombeau de ce malheureux Prince, y fût entretenu éternellement et devînt l'image de ses regrets.

» Huschenk, fils de Siamek, succéda à son aïeul ; (23) il réunit toutes les qualités qui constituent un grand prince ; les Persans, dont il mérita la reconnaissance, lui

donnèrent le surnom de *Pischdad*, qui signifie
le juste et le législateur ; et c'est de lui que
ses successeurs ont pris le titre honorable
de *Pischdadiens*.

» On ignorait l'art de fouiller les mines
pour en extraire les métaux, il l'apprit
aux Persans ; on n'habitait que des villes sans
défense, il fonda Suze et l'entoura de remparts. Enfin, ce qui acheva d'illustrer sa mémoire, ce fut un livre que vous avez vu
dans le temple, et dont je vous ai fait admirer les sages maximes : *c'est le livre de
la sagesse éternelle*, autrement nommé le
testament d'Huschenk.

» Ce héros, suivant ce que racontent des
historiens, peut-être trop amis du merveilleux,
fit des exploits dignes de mémoire. Il dompta
et rendit docile au frein un animal farouche,
porté sur douze pieds infatigables, né d'un
crocodile et de la femelle d'un hyppopo-
tame. Maître de ce monstre, il pénétra chez
les peuples les plus sauvages, et les vainquit. Malheureusement, au retour de ses
conquêtes, des géans, ses ennemis, l'ayant
enveloppé dans les gorges de Damavend,
l'écrasèrent sous le poids d'un énorme rocher.

« Taha-Murath lui succéda ; il fonda sept
villes et chercha à gagner l'affection de ses
sujets par des loix sages. Dans un tems de
famine, voyant que les gens riches se mettaient à table à midi et au coucher du soleil, il leur ordonna de se contenter d'un
seul repas, et de distribuer le produit de
l'autre aux pauvres ; et afin de mettre un
terme aux disputes des Mages qui troublaient
son empire, il y établit le libre exercice de
tous les cultes. C'est à lui qu'on doit la
culture du riz et la découverte des vers à
soie. La peste qui ravageait la ville de Balk,
où il faisait sa résidence, l'enleva à l'amour
des Persans dont il faisait le bonheur.

» On raconte de lui, comme de son pré-
décesseur, Huschenk, des choses merveilleuses.
On dit qu'il eut pour monture un oiseau
nommé *Simorganka*, rare et sublime oiseau,
instruit dans toutes les sciences, capable de
morale et de religion. Cet oiseau, plus
vaillant et meilleur raisonneur que la plupart des capitaines Mèdes et des Mages de
Babylone, lui servit à conquérir les Peuples et à les instruire. Suivant ce qu'il disait de lui-même, il avait vu les races d'hom-

mes antérieures à Adimo, et le globe successivement habité et désert durant l'espace
de 84,000 ans. (24).

» Taha – Murath n'eut besoin que de
quelques plumes que cet oiseau arracha
généreusement de son sein, pour triompher
de tous ses ennemis ; il attaqua dans leurs
derniers repaires les géans qui avaient assassiné
le sage Huschenk, et les vainquit. Les plus
redoutables d'entr'eux, Argenk et Demruch,
moururent de sa main. Mergian-Peri, (a)
renfermée dans une caverne du Caucase, fut
le prix de sa victoire et devint son épouse.
On croit que cette beauté descendait des
Péris et possédait comme eux le pouvoir
de commander à la nature.

» Giamschid, le frère de Taha-Murath,
lui succéda : c'est lui que son extrême beauté
fit surnommer le Soleil de la . Perse. Ses
prédécesseurs avaient fondé des villes ; il
voulut en fonder une qui, par son étendue
et la magnificence de ses édifices, surpassât

(a) Le nom de cette Fée se rencontre souvent
dans nos anciens romans de chevalerie.

toutes celles de l'Asie. Il choisit pour cet effet le plus beau site de son empire, et y appela les artistes les plus célèbres. Cette ville qu'il nomma Estekhar eut une enceinte de douze parasanges (a) (25).

» Enivré d'orgueil, fier de sa beauté et de l'éclat de sa puissance, Giamschid se crut un Dieu sur la terre ; il poussa même la démence jusqu'à vouloir être adoré ; mais Orosmade l'ayant privé des rayons protecteurs, dont il tirait son lustre, replongea dans les ténèbres ce soleil terreste et l'éclipsa. Ses peuples irrités se révoltèrent ; il tomba du faîte des grandeurs dans un abîme de misère et de calamité ; Zohac, son parent, s'arma contre lui, et l'ayant pris vivant sur le champ de bataille, le fit scier en deux.

» Ce Zohac fut aussi cruel que Giamschid avait été superbe. Il inventa les supplices et multiplia les crimes. Les Persans, écrasés sous un joug de fer, murmuraient, mais dans la poussière. Il fallut, pour les tirer

---

(a) Douze lieues astronomiques.

2   15

de cet état d'opprobre et de stupeur que le ciel signalât sa puissance. Un simple forgeron, inspiré par les Dieux, sortit tout-à-coup de sa retraite enfumée, et mettant son tablier de cuir au haut d'une lance, rallia ses concitoyens autour de ce singulier étendart. Le farouche Zohac méprisa d'abord un si faible ennemi ; mais le forgeron, retiré dans les montagnes du Korosan, y fut bientôt entouré d'une multitude de combattans, qui, guidés par sa prudence, animés par son courage, firent des prodiges. Trop tard Zohac voulut s'opposer à ce torrent ; il fut vaincu, fait prisonnier et renfermé dans une caverne du Caucase.

» Il n'eût tenu qu'à son vainqueur de se faire roi : il préféra une autre gloire. Un fils de Giamschid avait échappé au massacre de sa famille, le sage forgeron le découvrit et le plaça sur le trône de ses ayeux (26).

Féridoun était le nom de ce jeune Prince. Plein de reconnaissance pour son bienfaiteur, il le récompensa en lui donnant, en toute souveraineté, la ville d'Ispahan, à condition qu'à sa mort, elle serait réunie à la couronne dont elle était un démembrement.

» Féridoun fut l'un des rois, dont la
Perse se glorifie, qui porta le plus loin
l'amour de la sagesse. C'est à lui que l'on
doit cette belle maxime : « La vie de
» l'homme est un journal, il n'y faut écrire
» que de bonnes actions. » ; et celle-ci,
dont le sens me paraît encore plus sublime :
« Quand un homme de bien est près de
» s'endormir dans l'éternité, que lui importe
» de mourir sur le trône ou sur le pavé ? »

» Malheureusement pour ses peuples, la
tendresse aveugle qu'il avait pour ses enfans égara cette sagesse profonde. Avant
de mourir, il descendit du trône et partagea ses états entre ses trois fils : l'Asie qu'il
avait entièrement conquise, démembrée de
ses propres mains, devint le théâtre des
plus cruelles dissentions.

» Un fleuve majestueux, divisé en plusieurs branches, n'est plus qu'un faible
ruisseau : loin d'entraîner dans sa course
rapide les plus fiers torrens et d'arrêter sur
ses bords écumans les armées les plus formidables, il se laisse franchir aux bergers
timides, et roulant inconnu dans les prai-

15 *

ries, se perd enfin dans des eaux étrangères.
Il en est de même des empires ; l'unité une
fois perdue, les parties détachées ne se re-
joignent jamais bien. Féridoun en fit la fatale expérience : ses fils s'armèrent les uns
contre les autres ; il voulut envain reprendre
son ancienne autorité ; ses sujets ne le reconnurent plus. Irage, son fils aîné et chéri,
fut massacré par ses frères. Le vieux Monarque ne survécut pas à ce malheur. Manugeher, fils d'Irage, vengea la mort de
son père ; mais l'assistance des étrangers
qu'il avait été contraint d'implorer, le
perdit. Afrasiab, l'un des plus audacieux
Princes du Touran, profita des divisions
intestines de la Perse pour y porter la
guerre (27).

» Depuis cette époque, jusqu'à son entier asservissement, cet empire n'offre plus
que l'image de la confusion et de l'anarchie. Naudar, Zab et Gustab, qui furent
ses derniers rois, ne purent opposer que
de faibles digues à ce vaste débordement.
Enfin, l'ombre même de leur puissance
disparut ; le sang des Pischdadiens fut épui-

sé ; (28) et la Perse, tour-à-tour sujette des Assyriens et des Mèdes, devint l'obscure province des mêmes états dont elle avait été la souveraine. »

LETTRE LIII.

Voyages de Cyrus. Notions sur l'Inde. Religion des Indiens. Fragmens de leur histoire primitive.

Ainsi le sage Hystaspe apprenait à Cyrus l'histoire des siècles passés. Attentif à ses discours le Prince les gravait au fond de son cœur, et formait de loin le projet audacieux de rendre à la Perside, l'éclat dont elle avait été dépouillée.

Mais tandis que ce jeune homme, caché sur les bords du Choaspes, croissait en force et en intelligence, le roi des Mèdes, toujours obscédé de tristes pressentimens, s'agitait sur son trône pour détruire le successeur qu'il redoutait. Furieux de voir que ses deux victimes lui étaient échappées, et soupçonnant Harpage d'avoir favorisé leur évasion, il laissa tomber sur ce malheureux ministre rout le poids de sa vengeance. (*a*) Par un rafinement de cruauté, il dissimula son ressentiment et lui persuada même qu'il avait oublié sa faute ; mais au moment où il le crut sans défiance, il l'appela au Palais, sous prétexte de le faire assister à un festin magnifique qu'il donnait aux grands de sa cour, et là, lui fit servir les membres de son fils qu'il avait fait égorger quelques heures auparavant.

Cette action atroce révolta tous les esprits, et acheva de rendre le Monarque odieux à ses sujets.

CEPENDANT les années s'étaient écoulées; et maintenant Cyrus, ayant franchi les limites de l'enfance, était arrivé à cet âge heureux où la nature prodigue les bienfaits. Cambyse, voyant qu'Astyage, loin de se rebuter par l'inutilité de ses recherches, redoublait d'efforts pour découvrir la retraite de son fils, et craignant qu'il ne parvînt tôt ou tard à la connaître, résolut de l'é-

---

(*a*) Hérodote, liv. 1.

loigner quelque tems de la Perse, et de
profiter de cette circonstance pour lui faire
entreprendre un voyage de long cours.
Hystaspe à qui il communiqua son projet,
non-seulement l'approuva, mais s'offrit même
d'acompagner Cyrus. « Allons, dit-il, à
son élève, étudier les peuples sous le rapport
des lois, et les hommes sous ceux du culte
et du climat ; le grand Orosmade qui vous
destine à les gouverner, vous impose le devoir
de les connaître : le petit espace de terre qu'on
appelle patrie offre un tableau trop borné
pour qu'on puisse y saisir toutes les nuances
qui distinguent l'humanité. D'ailleurs, ce
voyage nous instruira de ce que nous n'au-
rions jamais su qu'imparfaitement en res-
tant dans ce Pyrée ; il mettra sous nos yeux
la véritable situation des trois parties du
Monde et celle des nations qui y do-
minent. »

Cyrus consentit volontiers à ce que de-
siraient son père et son ami ; il prit congé
de la sensible Mandane, à qui cette séparation fit verser de nouvelles larmes. Accompagné de deux esclaves fidèles, conduit par
le sage vieillard, il traversa la Perside, et

s'avançant vers le midi , franchit les monts Paropamises ; il arriva au bout de quelques jours sur les bords du Sind , (a) où il rencontra une ville nommée Nysa , (b) dont les traditions indiennes attribuaient la fondation à Bacchus.

Après s'être reposés quelque tems dans cette ville , Cyrus et ses compagnons s'avancèrent dans l'intérieur du pays et se virent tout-à-coup arrêtés par une forteresse inacessible située sur un rocher. Comme le jeune Prince mesurait de l'œil cet obstacle que sa fierté gémissait de ne pouvoir surmonter , Hystaspe l'ayant pris à l'écart , lui parla en ces termes:

« Ces remparts, dont l'aspect vous irrite, sont fameux dans nos annales; ils interrompirent jadis les victoires du célèbre Rustan, ce guerrier intrépide , qui long-tems après le désastre du dernier Prince de la maison

---

(a) C'est l'Indus. Voyez Pline. Hist. nat. liv. IV. chap. 20.

(b) Voyez *antiquité géographique de l'Inde* du célèbre Danville.

de Kai-Omaras, conçut le dessein généreux
de rendre la liberté à sa patrie. A force
de courage, il était parvenu à repousser
Afrasiab jusqu'au-delà du Caucase, et à raf-
fermir le sceptre dans les mains de Kai-
Cobad et de Kai-Caous, descendans des anciens rois de la Perside ; Rustan aurait pour
jamais assuré l'indépendance de cette contrée, s'il eût moins écouté la voix de son
orgueil ; mais, non content d'avoir porté
ses armes victorieuses, depuis le Caucase
jusqu'au Liban, d'avoir subjugué la Syrie,
l'Arabie et l'Égypte, il voulut encore tenter
la conquête de l'Inde. Orosmade, qui l'avait
protégé tant que ses exploits avaient eu
pour but la gloire de sa patrie, l'abandonna
lorsqu'ils n'eurent pour objet que son ambition. Cette forteresse que vous voyez l'arrêta au milieu de ses triomphes et devint
son tombeau. (*a*) A sa mort, Afrasiab reprit son audace et la Perside reçut de nouveaux fers.

(*a*) C'est la forteresse d'Aornos, aujourd'hui de
Renas.

C'EST ainsi qu'Hystaspe saisissait toutes les occasions d'instruire son élève et de modérer l'ardeur que les moindres contrariétés allumaient dans son ame.

LA petite caravane, ayant évité la forteresse au moyen d'un détour, descendit le Sind jusqu'à ce qu'elle rencontrât l'Hydaspe, ce fleuve qu'Alexandre osa, dans la suite, traverser à la vue de Porus. La première nation dont ils eurent occasion d'examiner les mœurs, fut celle des Sibes, dont les chefs, couverts d'une peau de bête féroce, se disaient issus des compagnons d'Hercule. Après les Sibes vinrent les Malliens, les Oxidraques, les Sogdiens et enfin les Gangarides, habitans fortunés des belles contrées que le Gange arrose de son onde génératrice.

Palibothra était la première ville distinguée qu'on rencontrât sur ce fleuve. (*a*) Son étendue, la magnificence de ses édifices, le nombre et l'opulence de ses habitans la rendaient la Babylone de l'Inde.

(*a*) Diodore. liv. II. parag. 32.

Hystaspe, après en avoir montré les curiosités à Cyrus, le conduisit à Benarès, qui n'en était pas éloignée. Cette ville, l'une des plus anciennes du globe, était le séjour des plus illustres Brachmanes. Ces hommes extraordinaires, prêtres, rois et philosophes tout-à-la-fois, réunissaient ainsi les titres les plus saints que puissent donner la nature et la loi pour gouverner les hommes. (a) Ils accueillirent avec bonté les étrangers qui venaient consulter leurs lumières. L'un d'eux, les ayant conduits un jour dans un endroit retiré des jardins de l'académie, les initia dans les mystères les plus secrets de leur religion et de leur politique.

« DIEU, dit-il, existe de tout tems; (b) tout existe par lui et pour lui ; c'est une sphère parfaite que rien ne commence ni ne termine. Ce que nous appelons la NATURE

(a) Suidas. art. *Démocrit*. Diog. Laërt. *in vitâ* *Pyrrhon*. Apul. *de dogm*. Plat. etc. etc.

(b) Traduction du Shastah, par Hollwell.

n'est que le résultat de ses décrets éternels. Ne cherchons point à pénétrer son essence ni à soulever le voile dont il couvre ses travaux ; une telle entreprise serait vaine et criminelle ; contentons-nous de voir sa sagesse, son pouvoir et sa bonté empreints dans ses ouvrages immortels. »

APRÈS ce préambule, le Bramine qui entretenait Cyrus et Hystaspe se recueillit un instant et reprit ainsi la parole : « Tels furent les préceptes de nos premiers pères : telles fut leur religion sublime. Les générations suivantes altérèrent un peu cette simplicité. Suivant leurs traditions, l'Éternel absorbé dans la contemplation de sa propre existence, résolut de la partager avec des êtres capables de jouir de sa béatitude et de contribuer à sa gloire : il voulut et ces êtres naquirent.

» Il créa d'abord Birma, Vitsnou et Sib, ensuite Mozazor et toute la multitude des anges. Pendant l'espace de mille ans, multipliés par mille ans, l'harmonie régna dans les cieux ; mais au bout de ce tems, l'envie entra dans le cœur de Mozazor et de

Raabon : ces deux anges impies se révoltèrent
et entraînèrent dans leur révolte, la moitié
des cohortes angéliques.

» DIEU vit avec douleur l'aveuglement
des rebelles : miséricordieux dans son courroux, il envoya Vitsnou pour les ramener à
l'obéissance ; mais envain : alors il commanda à Sib de marcher contr'eux armé de
toute sa puissance ; et de les précipiter dans
l'Ondérah, (a) pour y être punis pendant une
suite infinie de siècles.

» Mais au bout de mille ans, Birma,
Vitsnou et Sib, solicitèrent la clémence divine en faveur de Mozazor et de ses complices ; DIEU daigna les retirer de l'Ondérah, et commua la peine en un tems d'ex-
piation. Il créa la terre pour devenir le
lieu de leur demeure, et voulut que leur
ame, enfermée dans des corps mortels, y
subît un grand nombre de métempsycoses.
Après avoir passé successivement dans le
corps de plusieurs animaux, ces anges rebelles devinrent enfin des hommes. C'était le
terme de leur purification. Après cette dernière épreuve, ils devaient obtenir leur par-

---

(a) C'est l'enfer des Indiens.

don et se réunir, dans le ciel, aux anges
fidèles; mais loin de mériter cette grace par
leur obéissance et leur repentir, ils profitèrent des organes plus parfaits qu'ils avaient
reçus de la bonté de l'Éternel, pour l'outrager encore; leur orgueil se manifesta
dans toutes leurs actions; ils firent le mal
devant Dieu, et se montrèrent plus
pervers sur la terre, qu'ils n'avaient été
dans les cieux; leur nouvelle rébellion entraîna un nouveau châtiment. L'Éternel détruisit cette race impie, couvrit la terre de
ténèbres, et d'une fleur, surnageant sur
l'abîme, forma le sage Bramah. Cet interprète divin traduisit le code sacré de
la langue céleste dans celle du Hamscrit,
et le donna lui-même aux hommes échappés
au supplice des anges prévaricateurs. Telle
fut l'origine du Shastah. Bramah, après avoir
écrit le livre saint pour l'instruction et la
règle des Peuples, s'occupa de dessécher
la terre encore défigurée par le déluge. Grace
à ses soins les plaines furent délivrées des eaux
dormantes qui les surchargeaient d'un limon
fétide, et les lacs, changés en des fleuves
majestueux, portèrent à l'Océan le tribut

de leurs ondes. Ainsi naquit le Gange, dont les flots révérés fertilisent ces contrées.

» Bramah établit ensuite la division des castes. Il voulut que la première fût celle des Brames, la seconde celle des guerriers, la troisième celle des cultivateurs, et la dernière celle des artisans.

» Je sais, continua le vieillard, que plusieurs nations, tant de l'Asie que de l'Afrique, revendiquent l'antériorité sur le Peuple Indien, mais leurs prétentions sont vaines. Il est certain que les habitans des bords de l'Indus et du Gange n'ont jamais reçu des colonies chez eux et n'en ont envoyé nulle part. (*a*) Ce peuple avait un culte, des lois et des arts, lorsque le reste de la terre était plongé dans les ténèbres de l'ignorance. Le Monde entier rend hommage aux connaissances dont Bénarès conserve le dépôt sacré. C'est ici que sont venus puiser leurs lumières et leur doctrine, Zoroastre, le législateur de la Bactriane, Oannès, qui divisa le tygre et l'Euphrate, dont les eaux auparavant

***

(*a*) Diodore. liv. II.

(241)

confondues, ne formaient qu'un lac fangeux ; Osiris, qui redressa le cours du Nil
et devint le Dieu des Egyptiens ; Orphée
l'instituteur des Thraces, et enfin Xékia (29),
si célèbre parmi les Indiens auxquels il
enseigna le culte qu'on doit rendre à la Divinité. »

APRÈS que le Bramine eut donné aux
deux illustres étrangers ces notions sur les
idées religieuses et sur l'antiquité de sa
patrie, il leur apprit ce qu'il savait touchant ses traditions historiques. Selon ce
qu'il leur rapporta, l'Inde, dès l'origine
de sa population, fut gouvernée par des
rois puissans : le premier de ces rois, nommé
Succadit, était fils de Bramah. (30) Dans
l'espace de trente siècles, elle subit un grand
nombre de révolutions : Bacchus, Hercule, Osiris, Sémiramis, Sésostris, Rustan,
y firent tour-à-tour des incursions, dont
plusieurs furent heureuses ; mais toujours
les Indiens, indignés de porter un joug
étranger, le secouèrent et se choisirent des
souverains nés dans leurs pays.

En terminant son récit, le sage Indien

2   16

donnna à Cyrus un manuscrit précieux,
dont les feuillets tissus de coton et en-
duits d'un vernis brillant, contenaient en
traits légers, les détails dans lesquels il
ne lui avait pas été possible d'entrer.

LETTRE LIV.

Usages des Indiennes de se brûler sur le tombeau de leurs époux. Coutumes ridicules de Brames. Caste des Parias.

EN sortant du jardin des Bramines , Cyrus et son vénérable guide, virent sur l'une des places de Bénarès une foule nombreuse de Peuple , et desirant connaître le motif qui la rassemblait , ils le demandèrent au vieillard dont ils étaient accompagnés : ils apprirent , avec une surprise mêlée d'horreur, que l'un des habitans distingués de Bénarès étant mort, sa veuve, âgée de vingt ans, allait se brûler sur le cadavre de son époux. Cette courageuse héroïne , ajouta-t-il , n'a point attendu que le tems accordé par la loi (*a*) fut expiré ; à peine son époux avait-il rendu le dernier soupir qu'elle a prononcé le serment irrévocable de ne point lui survivre.

Comme le Bramine parlait encore, on vit

(*a*) Les Indiennes ont vingt-quatre heures pour se décider sur leur sacrifice.

16 *

arriver l'intéressante victime , vêtue d'une robe blanche et couronnée de fleurs ; elle était accompagnée de trois Brames , d'un jeune enfant qui marchait à peine sur ses pas, et d'une nouvelle foule de spectateurs. Cyrus , à l'aspect de cette femme, qu'un pré-jugé barbare va livrer à la mort la plus cruelle , se sent pénétré de cette indignation profonde que la violence et l'injustice ins-pirent toujours aux cœurs généreux , il saisit Hystaspe par la main , et perçant avec lui la foule du Peuple , parvient jusqu'au près de l'Indienne. Là , d'une voix animée par le sentiment , il essaye de la détourner de son funeste projet ; lui représente qu'elle va sacrifier à des restes insensibles un enfant qui réclame son appui ; lui offre , dans la Perse , un asile inaccessible aux clameurs de la superstition , et fini par peindre, des cou-leurs les plus fortes , les horreurs du sup-plice qu'elle s'impose.

Le peuple , surpris de l'action hardie de ce jeune homme, restait immobile et attendait dans le silence le plus profond que la veuve s'expliquât sur ses intentions. Sa réponse ne se fit pas attendre.

Sans dire une parole, elle s'approche de l'autel, y prend des charbons ardens qu'elle place dans le creux de sa main, les montre à Cyrus, et y jette de l'encens en renouvellant à Bramah le serment de mourir. (a) A cette vue le peuple fait retentir les airs de ses acclamations; les Brames écartent Cyrus qui cherche vainement à se faire entendre une seconde fois; la victime détache ses bracelets, se dépouille des ornemens dont elle est parée, embrasse son fils, lui dit l'adieu fatal, et d'un pas ferme, s'avance vers le lieu du sacrifice.

Après avoir fait trois fois le tour du bûcher, elle y monte une torche enflammée à la main; le corps de son époux reposait sous un berceau de feuillages. D'abord elle se précipite sur ce cadavre inanimé et y reste quelque tems attachée; ensuite elle allume le bûcher et s'assied. D'un visage serain elle voit le feu qui se communique aux matières inflammables; elle entend la flamme pétiller sur sa tête; elle la voit s'ou-

___

(a) *Evénemens historiques du Bengale.* tom. II. pag. 110.

vrir un passage sous ses pas ; elle en est
enveloppée ; le bûcher s'écroule ; elle tombe
au milieu des débris embrâsés , et meurt.

HYSTASPE et Cyrus n'attendirent pas la
fin de cette cruelle cérémonie pour s'éloigner de la foule qui entourait le bûcher.
Le Mage de la Perside , pénétré d'une juste
horreur pour cet usage dénaturé , en
demanda les raisons au Bramine qui les
accompagnait : celui-ci lui en expliqua ainsi
l'origine flétrissante :

« Il fut un tems, dit-il , où deux jeunes
amans n'avaient besoin, pour devenir époux ,
que de se donner mutuellement leur foi ; (a)
cet heureux tems fut de courte durée. Les Indiens, maîtrisés par des passions ardentes,
ne purent se soustraire à leur empire ; souvent après avoir choisi une épouse , ils se
lassaient de ses charmes, et pour acquérir
le droit d'en prendre une seconde, ils faisaient passer la première au rang d'esclave.
De leur côté, les Indiennes , ne pouvant

_____

(a) Diodore. liv. 19.

rompre aussi facilement les nœuds qui les attachaient à leurs époux, se vengeaient de leur tyrannie en les empoisonnant. Les rois voulurent en vain arrêter ces horribles désordres. Les Brames seuls y parvinrent en publiant une loi qui forçaient les veuves, pourvu qu'elles ne fussent point enceintes, à se brûler sur le bûcher de leurs maris. Celles qui refusaient de se soumettre à la loi, étaient déclarées infâmes et traînaient loin de la société une vie chargée d'opprobre.

» Cette loi obtint le succès qu'on en devait attendre : le tems loin de l'abolir la rendit plus sacrée. Quoique la cause qui lui donna naissance n'existe plus, il serait impossible de l'abroger. Les Indiennes, ayant à choisir entre la honte de survivre à leurs époux ou la gloire de les suivre, s'élancent avec joie dans les flammes qui leur assurent l'immortalité. »

En entendant ce récit, le Mage gémit sur les maux qu'entraînent toujours l'oubli des mœurs et la superstition.

Quant à Cyrus, dont l'ame neuve et

généreuse ne pouvait admettre les crimes dont le Bramine chargeait la mémoire des Indiennes , il se répandit en nouveaux reproches contre les législateurs inhumains , qui , pour excuser leurs lois barbares , calomniaient un sexe faible dont ils auraient dû être l'appui.

Cependant les deux illustres voyageurs continuaient leurs observations. Les Brames, dont ils avaient admiré la doctrine , tandis qu'ils les avaient considérés comme membres de l'académie de Bénarès , leur parurent méprisables lorsqu'ils les envisagèrent comme membres de la société. Une des plus grandes singularités qu'ils remarquèrent parmi eux , c'est l'importance qu'ils attachaient à des momeries dignes , tout au plus , d'exciter la curiosité de la populace dans les carrefours de Babylone ou d'Ispahan (a). Cyrus en vit un , qui, pour faire parade de sa constance , prit entre ses mains une poutre de trois coudées de long et la porta un jour entier, en ne se soutenant que d'un pied.

(a) Strabon , liv. XV. Pline , liv. VII chap. 2.

Un autre resta toute une journée dans cette
singulière attitude, les regards fixés sur le
soleil, et le suivit dans sa carrière lumineuse
depuis l'instant de son lever jusqu'à celui
où il se plonge dans les flots de l'Océan. Une
fois, en traversant une plaine, les Persans
rencontrèrent une vingtaine de ces charla-
tans sacrés qui s'étaient imposé la loi de
mourir dans la situation qu'ils avaient res-
pectivement choisie : les uns étaient debout ;
les autres prosternés ; les moins fervens se
tenaient assis. Le bouleversement de la nature ne les eût pas fait changer de pos-
ture : se mouvoir était pour eux le comble
de l'infamie. L'un de ces ridicules sectaires,
interrogé sur le principe qui le faisait
agir de cette sorte, répondit par cet apo-
phtègme extrêmement répandu dans l'Inde :
« Il vaut mieux s'asseoir que de marcher,
» se coucher que de s'asseoir, dormir que
» de veiller, et mourir que de vivre ».

Outre ces Brames, qui affichaient l'im-
passibilité la plus absolue, et qui même
poussaient l'enthousiasme fanatique jusqu'à
ce brûler vivans pour insulter à la dou-

leur , (*a*) il en existait d'autres qui affec‑
taient , au contraire , le philosophisme le
plus audacieux : ils regardaient les cultes
divers , adoptés par les Peuples , comme
autant d'institutions politiques ; et ce monde
avec les nations qui l'habitent et la bigar‑
rure de leurs préjugés et de leurs usages ,
comme une des soixante-dix mille comé‑
dies que la Divinité fait jouer devant elle
pour amuser ses loisirs.

Ces contradictions frappantes achevèrent
de persuader au Mage de la Perside ce qu'il
avait déjà soupçonné : que les Indiens, loin
d'être les inventeurs des sciences, comme
ils le prétendaient , n'en avaient été que
les dépositaires ; et que les connaissances
et la morale , dont ils avaient corrompu la
pureté primitive , leur avaient été transmises,
dans des siècles reculés , par les ancêtres
des Perses dont ils tiraient leur origine. Ce
qui servait sur-tout à le confirmer dans cette
opinion , c'étaient les coutumes barbares et

***

(*a*) Dion, liv. XLIII.

la superstition de ce Peuple qu'il voyait
par-tout en opposition avec ses mœurs paci-
fiques et sa religion. Ce n'était point assez
qu'une loi cruelle condamnât aux flammes
dévorantes la femme dont le seul crime était
de survivre à son époux ; ce n'était point
assez qu'un fanatisme ridicule donnât en spectacle au Peuple ces mêmes Brames qui lui
devaient l'exemple de la vertu ; il fallait encore que la nation, conspirant contre elle-
même, se frappât du glaive flétrissant de
l'opinion, et livrât à l'opprobre et au mépris une partie de ses citoyens.

LES castes indiennes, instituées par Bramah, s'étaient éloignées les unes des autres,
au point de rompre par-tout l'unité du gouvernement : l'égalité dont les bords de l'Indus et du Gange semblaient devoir être l'a-
sile, était banie de ces climats fortunés ; à
l'époque du voyage de Cyrus, la plus cruelle
inégalité y triomphait, et la caste des Parias était déjà proscrite. Ce prince vit ces
malheureux, chargés des emplois les plus
vils de la société, réduits à transporter les
immondices et à creuser les sépultures. L'hor-

reur qu'ils inspiraient était telle, que si l'un deux osait toucher un Indien d'une autre caste, celui-ci avait le droit de s'en venger sur-le-champ en le punissant de mort. C'eût été envain que les étrangers eussent voulu méconnaître cet horrible préjugé : ils étaient forcés, sous peine de partager leur opprobre, de fuir la rencontre de ces infortunés, et d'éviter même de s'arrêter devant la porte de leurs maisons. L'un des Bramines, auquel Hystaspe parlait de cette violation des droits les plus sacrés, lui apprit que cet usage n'était point nouveau dans l'Inde, et que les Pulchis du Malabar étaient dans un état de dégradation plus profond encore. « La loi, lui dit-il, non seulement les sépare de la société des hommes, mais leur défend de se construire même des cabanes ; ainsi ils sont obligés de s'établir dans des espèces de nids qu'ils bâtissent sur les arbres. Confondus avec les animaux impurs, que l'Indien abhorre, ils ne font connaître, comme eux, leurs besoins que par des cris inarticulés. L'homme sensible, attiré par ces hurlemens, vient quelquefois au pied de l'arbre, et y dépose un peu de riz ; mais il se retire à l'instant de peur de souiller ses regards en rencontrant ceux du Pulchis ».

Après avoir prolongé encore quelque tems leur séjour à Bénarès, Cyrus et son vénérable guide quittèrent cette ville, et dirigeant leur route vers l'embouchure de l'Indus, parvinrent sur les bords de la mer où ils s'embarquèrent. En peu de jours, le vaisseau qui les portait, favorisé par le vent d'Orient, entra dans le golfe Persique et aborda au port de Gerra sur les côtes de l'Arabie Heureuse.

LETTRE LV.

Suite du voyage de Cyrus. Quelques notions sur l'Arabie et l'Éthyopie. Usages des Éthyopiens.

DÈS les premiers pas que les Persans firent dans l'intérieur de l'Arabie, ils eurent occasion d'admirer les présens innombrables dont une nature féconde et variée embellissait ces climats. La sérénité du ciel, l'aspect pittoresque des terres, les parfums dont les airs étaient remplis, tout semblait se réunir pour énivrer leurs sens. Ils voyaient dans les lieux les plus déserts, le raisin sans pepins, la pomme de grenade, la pêche, croître et mûrir sans culture ; ils rencontraient en foule tous les animaux de la Perside et beaucoup d'autres qui leur étaient inconnus.

Ils se rendirent d'abord à la ville sacrée de Macoraba, (*a*) que les sages de l'Hyémen

---

(*a*) Aujourd'hui la Mecque.

croyaient avoir été la première ville du Monde. C'est là qu'ils virent la célèbre maison qu'habitait Ibrahim, le patriarche des Arabes. Cette maison, appelée Kaabah, était alors l'objet d'une espèce de culte : les habitans des trois Arabies, et ceux-même de l'Éthyopie, de l'Égypte, et de la Palestine, y venaient en foule honorer la mémoire du sage qui l'avait bâtie. Hystaspe examina curieusement ce monument et le fit examiner à Cyrus. (*a*) Rien n'y annonçait le faste ni la grandeur ; rien ne paraissait motiver la vénération profonde des Peuples ; mais la simplicité de son architecture et le ciment impénétrable qui en liait toutes les parties prouvaient invinciblement sa haute antiquité.

Les Persans eurent bientôt fait connaissance avec l'un des habitans les plus instruits de Macoraba, qui leur apprit tout ce qui pouvait les intéresser touchant l'histoire naturelle, religieuse et civile de sa patrie. Il semblait, d'après ses discours, que la nature,

---

(*a*) Voyez *le dernier voyage en Arabie*, par Niéhbur.

en plaçant l'Arabie à l'une des extrémités de l'Asie, en lui donnant pour barrières les flots de l'Océan au midi, ceux du golfe Persique à l'orient, la mer Rouge au couchant, et une chaîne de rochers inaccessibles au nord, avait ordonné aux Arabes d'être libres. L'Arabie pétrée, hérissée de montagnes stériles, et l'Arabie déserte, couverte de sables brûlans, furent de tems immémorial la demeure de tribus errantes, qui, sans connaissances et sans lois, ne se signalèrent que par leurs mœurs sauvages et leurs brigandages ; mais l'Arabie heureuse, jouissant d'une nature plus douce, fut la patrie de Peuples nombreux qui s'illustrèrent par leurs arts et leurs exploits. La partie la plus méridionale de cette belle contrée se nommait Hyémen. On y distinguait, dès les premiers âges, un grand nombre de nations célèbres par leur opulence : telles que celles des Sabéens, des Minéens et des Homérites. C'est à Saba, capitale des Sabéens, que régna la belle Balkis, cette reine fameuse, la Sémiramis des Arabes, qui sur le récit des vertus et de la puissance de Salomon, alla à Jérusalem admirer par elle-même la sagesse profonde de ce monarque des Hébreux.

C'est dans l'Hyémen qu'on trouvait le pays de Sepher où croissait l'encens le plus pur et le plus aromatique; c'est non loin de ses bords qu'était l'ancienne ile de Tylos, plus célèbre encore par sa pêche de perles, qui formait alors une branche considérable de commerce et contribuait à la prospérité de l'Arabie.

Cyrus, dont les sages leçons du Mage développaient tous les jours les facultés morales, et que l'étude des choses et des hommes rendait capable des plus hautes conceptions, dans un âge encore peu avancé, traçait en silence dans son cœur le plan du plus vaste projet.

Ce plan, dont il ne communiquait pas toute l'étendue à son vénérable guide, de peur de n'avoir pas son aveu, n'était rien moins que la conquête du Monde et la fondation d'un empire unique dont la Perse devait être le centre, et qui devait embrasser, dans sa sphère immense, la plus belle partie de l'Asie, de l'Afrique et de l'Europe. A chaque pas qu'il faisait dans son voyage,

2   17

il s'affermissait dans son dessein et assignait, en idée, à chaque pays qu'il parcourait un rôle dans la monarchie universelle, analogue à sa situation géographique, à ses produc-tions, et au génie de ses habitans. L'imagi-nation du jeune Prince était tellement frappée de ce qu'il avait conçu, que souvent entraîné et perdu dans le torrent de ses idées, il croyait son projet exécuté et ne voyait les contrées se développer à ses regards, et les villes s'élever devant lui, que comme des nouveaux domaines ajoutés à ses vastes états: c'est ainsi qu'un homme, vivement pénétré du rêve brillant dont il s'est occupé durant la nuit, voit le jour sans abandonner l'illu-sion qui le captive, et étend la main pour sai-sir les objets dont les formes fantastiques se dessinent encore à ses yeux.

Cyrus, tout entier à son projet, n'eut pas plutôt connu l'Arabie, qu'il la regarda, à cause de sa situation heureuse entre l'Afrique et l'Asie et le nombre de ses ports sur l'Océan indien et la mer Rouge, comme la clef de l'édifice dont il méditait de jeter les fondemens, et le nœud qui devait unir les nations entr'elles ; il sentit que pour la rendre le centre du commerce du globe, il suffisait de faire communiquer le Nil à la mer Rouge, au moyen d'un canal dont les vestiges existaient encore, tandis que de l'autre côté, on ouvrirait un passage de la mer Rouge à la Méditerranée en perçant l'Isthme de Suez. Grâce à ces travaux, Cyrus voyait déjà les flottes indiennes portées par les vagues de l'Océan méridional, remonter le golfe Arabique et répandre à-la-fois en Afrique et en Europe les trésors de l'Orient.

TANDIS que le jeune Prince, méditait cette magnifique entreprise, dont l'exécution, si elle avait eu lieu, l'aurait illustré davantage que le renversement de l'empire des Mèdes, et la prise de Babylone, il ne négligeait rien de ce qui pouvait augmenter ses connaissances. A l'époque où il voyageait en Arabie, cette contrée n'obéissait plus à des rois. Le dernier monarque de l'Hyémen, nommé Lolaïcarb, étant mort sans postérité, les Arabes avaient mis à la tête de leur gouvernement des magistrats chargés de faire exécuter les lois : chaque ville avait

17 *

son magistrat particulier. L'histoire des rois
Arabes, depuis Joctan, fils du patriarche
Heber, (a) jusqu'à Lolaïcarb, était tellement
remplie de contradictions, que Cyrus essaya
vainement d'en éclaircir les ténèbres. Tout
ce qu'il put savoir c'est qu'il avait existé
une suite de rois surnommés Hamyarites,
qui, pendant plus de quinze siècles, avaient
occupé le trône de l'Hyémen (31).

Quant à la religion des Arabes, elle parut
au fils de Mandane assez semblable à celle
de la Perside. Les Arabes adoraient, de tems
immémorial, un Dieu rémunérateur et vengeur ; le Soleil était pour eux, comme pour
les Perses, le symbole de la Divinité.

Mais la simplicité de ce culte primitif,
loin de se conserver intacte, s'altéra au
point que le Soleil, usurpant les droits de
la Divinité dont il n'était que l'emblême,
devint le Dieu suprême de l'Univers ; chaque
étoile fut une divinité, et lorsque les Arabes

(a) Cet Heber est aussi le patriarche des Hébreux : on le confond quelquefois avec Abraham
ou Abrahim.

parvinrent à distinguer les planètes des
étoiles fixes, ils firent des premières des mé-
diatrices entre le soleil et la terre.

Hystaspe démontra sans peine à Cyrus
l'absurdité de ce système ; un observatoire
semblable à celui du temple de Bélus à
Babylone aurait suffit pour rendre les Arabes
à la raison ; mais les Arabes, habiles dans
d'autres sciences, telles que la médecine et
la chymie, n'avaient que des idées confuses
sur l'astronomie.

Cependant les illustres voyageurs, après
avoir parcouru le pays des Sabéens, s'ap-
prochaient des rives de la mer Rouge. Il
est impossible de rendre l'effet divin que la
vue de ces bords enchanteurs, et l'odeur qui
semblait s'exhaler de la terre, produisirent
sur leurs sens. Ils ne pouvaient faire un
pas sans traverser des forêts épaisses d'arbres chargés de myrthe et d'encens, des
touffes de palmiers, de roseaux odorans et
de Cinnamomes. Ils s'embarquèrent sur le
golfe arabique et voguèrent vers l'Etyopie,
toujours accompagnés de ces agréables parfums, car les vents qui s'élevaient de terre
à la chûte du jour, apportaient jusques sur

les vagues de la mer, ces odeurs délicieuses, dont le mélange, épandu dans les airs, paraissait encore plus suave et plus doux. Enfin ils arrivèrent à Adulis, le port le plus renommé de l'Ethyopie.

L'ÉTHYOPIE, l'une des premières contrées habitées du globe, était encore, à l'époque où le fils de Mandane y aborda, le pays dont la population avait conservé le plus de ressemblance avec la race primitive : les hommes y étaient généralement d'une haute taille, (a) et les femmes, pour la pureté des formes, auraient pu servir de modèle aux statuaires grecs, qui cherchèrent, dans la suite, à retracer aux yeux les traits des premières Amazones. L'Abyssinie et la haute Ethyopie, situées sous un ciel brûlant, hérissées de rochers, et, pour ainsi dire, écorchées par les vents impétueux, étaient peu peuplées; mais les contrées plus basses, fertilisées par le Nil, offraient un grand nombre de villes florissantes, (b) telles que

---

(a) Pline : *hist. nat.* liv. II, chap. 78.

(b) *Géogr. ancienne*, tom. III, pag. 52.

Prémis, Méroë, Adulis, Auxume, Coloë et Rapta.

Les Ethyopiens regardaient l'Egypte comme une de leurs colonies : ils prétendaient qu'Osiris, l'un de leurs rois, y avait conduit les premiers habitans : l'Egypte, disaient-ils, n'était d'abord qu'une mer que le Nil combla peu à peu en entraînant dans ses crues beaucoup de limon. (a) Osiris redressa le cours du fleuve et peupla la Thébaïde, qui donna naissance au reste de l'Egypte. Au reste, les Ethyopiens n'avaient jamais été subjugués. Sémiramis qui les vainquit ne parvint point à les soumettre : ils restèrent libres malgré la victoire qui parut les abandonner.

Les Persans, en arrivant à Méroë, furent témoins de la manière bisarre dont les rois étaient élus. Le trône éthyopien se trouvait vacant, et le collége sacerdotal, assemblé dans un temple consacré à cet usage, allait procéder à l'élection d'un monarque.

D'abord, on renferma dans un cercle

_____

(a) Voyez la note 2.

tracé dans le sanctuaire, ceux des prêtres jugés les plus dignes de commander ; ensuite le plus jeune des Néophites entra dans l'enceinte, en sautant à la manière des satyres, c'est-à-dire, sur un seul pied. (a) Le premier candidat qu'il toucha fut à l'instant proclamé roi de l'Ethyopie et reçut le sceptre et le bandeau, symboles de son pouvoir. Le peuple l'adora comme celui que les Dieux désignaient pour les représenter parmi les hommes, et les prêtres prêtèrent le serment de lui obéir.

L'Ethyopie avait ses sages comme l'Inde ; mais ils différaient autant des Brames, que ceux-ci différaient des Mages de la Perside. (32) Il semble que tel est le destin des connaissances humaines de s'affaiblir à mesure qu'elles s'éloignent de leur source, et de perdre leur pureté par un mélange continuel d'erreurs ; comme la lumière qui s'altère en se divisant et s'imprègne sans cesse d'atômes impurs et de corps hétérogènes.

On dit que ces sages Ethyopiens, connus

(a) Diodore, liv. III, parag. 4.

des Grecs sous le nom de Gymnosophistes, étaient originaires de l'Inde ; le meurtre qu'ils commirent sur la personne d'un roi de cette contrée , les força de s'expatrier ; ils vinrent à Méroë, où ils trouvèrent moyen de s'associer au collége des Prêtres. Il paraît qu'ils ne conservèrent pas long-tems la simplicité de leurs dogmes ; car peu de tems après leur arrivée , ils étaient déjà en possession du culte des animaux , de la devination , des augures et des autres folies religieuses, dont les Prêtres se sont servis de tout tems pour captiver la multitude. Il faut cependant dire, à leur honneur, que tous ne s'adonnèrent pas à ces extravagances ; plusieurs cultivèrent les sciences, perfectionnèrent les hiéroglyphes et inventèrent un alphabet syllabique encore en usage dans une partie de l'Afrique.

Si la cérémonie singulière , en usage parmi les Ethyopiens , pour l'élection d'un monarque étonna Cyrus, il ne fût pas moins surpris lorsqu'il connut les lois constitutives de ce Peuple. Les rois, quoiqu'élevés au rang suprême, n'en dépendaient pas moins du collége sacerdotal , qui pouvait briser son ouvrage s'il avait lieu d'en être mécontent. La manière extraordinaire dont il usait de ce droit redoutable mérite d'être rapportée.

Le roi abusait-il de son autorité, négligeait-il le soin de ses états, ou plutôt quelque Théocrate ambitieux, dans le dessein de le remplacer, venait-il à bout de prévenir contre son gouvernement le Peuple ou les Prêtres de Méroë, ceux-ci s'assemblaient pour interroger le Dieu Cneph, la Divinité suprême de l'Ethyopie, et sa réponse fixait irrévocablement le sort du Monarque. Si elle lui était contraire, le souverain recevait son arrêt de mort, auquel il ne pouvait se dispenser d'obéir ; il déposait, en présence du Peuple assemblé, les marques de son pouvoir, descendait du trône et se frappait lui-même du glaive sacré.

Ce pouvoir terrible que le sacerdoce exerçait sur le Prince, le Prince l'exerçait à son tour sur le Peuple. Lorsqu'un citoyen avait attiré sur lui, par ses crimes, la juste rigueur des lois, et que les tribunaux avaient prononcé sur son sort, personne n'avait le droit de porter ses mains sur lui, mais le roi lui envoyait un de ses officiers pour l'avertir de cesser de vivre. Du moment où il recevait cet ordre fatal, le criminel, comme dépouillé de tous ses droits naturels, ne pouvait ni fuir la patrie qu'il avait outragée, ni continuer à la souiller de sa présence, il était obligé de terminer ses jours par le suicide; tout ce que la loi lui accordait c'était le choix du supplice.

Cyrus fut témoin, durant son séjour à Méroë, de la force que cette institution avait acquise par l'espèce d'opprobre que l'opinion attachait au nom et à la famille du coupable qui cherchait à se soustraire à l'arrêt prononcé contre lui. Un jeune Ethyopien, convaincu de crime, ayant reçu du Prince l'ordre de mourir, (a) voulut, après le départ du sinistre messager, essayer de s'enfuir, mais sa mère l'arrêta au moment où il sortait de la maison paternelle, et ne pouvant supporter la honte que la lâcheté de son fils allait faire rejaillir sur elle, lui jeta sa ceinture autour du cou, et sans qu'il

_____

(a) Diodore, liv. III.

osât faire la moindre résistance, l'étrangla de ses propres mains

En quittant la ville de Méroë, Cyrus et Hystaspe suivirent le cours du Nil et arrivèrent sur le sommet d'une montagne escarpée, d'où le fleuve impétueux, se précipitant tout entier, tombait sumultanément à une horrible profondeur sur des roches inégales, où la masse énorme de ses vagues se brisant avec fracas, élevait jusqu'aux nues une écume orageuse, et portait d'échos en échos un bruit sans cesse retentissant qui privait de l'ouïe les stupides habitans de ces lieux sauvages : c'était la grande cataracte, située non loin de Premis, la dernière ville d'Ethyopie que l'on rencontrât avant d'entrer sur les terres d'Egypte.

LETTRE LVI.

Suite des voyages de Cyrus. Son arrivée en Egypte. Troubles de ce royaume.

Au moment où Cyrus et le sage qui l'accompagnait entrèrent en Egypte, cet antique royaume était en proie à la plus terrible révolution. Amasis, favori du roi Apriès, s'étant révolté contre lui (*a*), l'avait contraint d'abandonner Memphis, la capitale de ses états, et de se retirer à Thèbes dans la haute Egypte. Ce Monarque sans se laisser abattre par ce premier revers, n'avait rien négligé pour en détourner les suites funestes ; il avait ramassé à la hâte les Cariens et les Ioniens établis sur les bords du Nil, et sortant soudain de la superbe Thèbes, était venu fondre sur son rival qui l'attendait dans les plaines de Memphis, avec tout ce que l'Egypte avait

_____

(*a*) Hérodote, liv. II.

pu lui fournir de vieilles cohortes et de soldats de nouvelle levée , que la nouveauté ,
l'espoir du butin et l'inconstance si naturelle à l'homme , avaient entraînés sous ses
drapeaux.

Le sort des armes ne fut point favorable
au malheureux Apriès ; les étrangers qui
combattaient pour lui , plièrent dès le premier choc et l'abandonnèrent au pouvoir
du rebelle , qui le conduisit prisonnier à
Saïs, celle des villes d'Egypte qui avait la
première embrassé son parti , et où , par
reconnaissance , il avait établi le siége de son
nouvel empire.

A l'entrée des Persans dans la ville de
Thèbes , la nouvelle du désastre d'Apriès
venait de s'y répandre. Il est facile de concevoir le mouvement et la confusion qu'elle
y faisait naître : chacun , considérant cet
événement du côté qui pouvait lui être favorable ou funeste, cherchait les moyens de
s'en prévaloir, d'en changer le cours ou
d'en prévenir les suites : l'un , composant
son maintient et ses discours , se montrait
au Peuple et paraissait dans la ville à vingt
endroits différens ; l'autre rassemblait à la

hâte ses effets les plus précieux, se dérobait aux regards et méditait sa fuite ; la foule assiégeait la porte des magistrats, inondait les parvis des temples, obstruait les rues, et, s'agitant en sens contraire, se cherchait et se fuyait tour-à-tour. Des étrangers ne peuvent qu'être déplacés dans ces premiers momens de fermentation publique. Du premier coup-d'œil Hystaspe vit bien que le séjour de Cyrus en Egypte ne pouvait lui être infiniment utile ; cependant il était loin de prévoir jusqu'à quel point il allait lui devenir dangereux.

Sans presque s'arrêter dans Thèbes, il quitta cette ville avec son élève, et suivant le cours du Nil, dirigea sa route vers Tentyre.

A mesure que Cyrus s'avançait en Egypte, il avait occasion d'admirer la prodigieuse variété que lui offrait le fleuve majestueux dont il côtoyait les rives, et les terres que son onde génératrice rendait fécondes. Ses regards étaient frappés à chaque pas d'une nouvelle espèce de beautés qu'il n'avait rencontrées ni dans l'Inde, ni dans l'Arabie, ni en Ethyopie. En Asie, tout était l'effet d'une nature facile et d'un sol plantureux ; en Ethyopie, c'était aux travaux des robustes cultivateurs qu'on devait toute la fertilité d'un terrein âpre et sauvage ; ici, la culture perfectionnée transformait des sables arides en de riches jardins, et l'art étalait partout sa magnificence.

Rarement le ciel constellé de l'Egypte se couvre de nuages et verse sur la terre sa douce rosée, mais le Nil supplée à son aridité par l'heureux engrais dont il la couvre dans ses débordemens. Une infinité de canaux, dirigés avec art et entretenus avec soin, portent partout la fraîcheur et la vie; Ils arrosent la campagne, unissent les villes entr'elles, joignent les mers au fleuve et les mers au mers, et traversant le royaume en tout sens, favorisent le commerce et font circuler l'abondance.

Lorsque les ondes bienfaisantes du fleuve se sont épanchées hors de son lit, les villes nombreuses, dont l'Egypte est décorée, élevées par des travaux immenses, paraissent comme autant d'îles dispersées au milieu des eaux, et font dominer, au-dessus des plaines inondées, le marbre des monumens et la verdure des jardins. Ces villes sont en général, grandes, bien peuplées, embellies de temples et de palais somptueux ornés de colonnes d'une architecture particulière et de statues colossales.

Ces beautés naturelles, cette magnificence qui fixaient les regards du fils de Mandane, et faisaient le sujet de toutes ses réflexions, devaient bientôt s'éclipser à ses yeux ; l'instant marqué par les Dieux s'approchait, où un sentiment plus impétueux devait naître dans son ame et l'envahir toute entière. Jusqu'alors ce jeune Prince, attentif aux leçons de son sage ami, retiré d'abord dans un Pyrée solitaire, errant ensuite de contrée en contrée, et livré aux soins de l'étude ou aux illusions des projets ambitieux, l'heureux Cyrus avait méconnu l'amour ; mais enfin la nature qui achevait son ouvrage, faisait circuler dans ses veines un germe embrâsé qu'un seul regard allait développer.

LE fleuve créateur de l'Egypte était alors dans sa plus grande baisse. Resserré au mi-

2   18

lieu des deux chaînes de montagnes qui le suivent dans son cours , depuis les frontières de l'Ethyopie jusqu'à Memphis , il coulait lentement et déroulait avec douceur son onde paisible sur un sable que ne souillait aucun limon étranger ; Hystaspe , marchant à côté de son élève , monté comme lui sur un coursier que la Médie avait nourri , discourait sur le culte des Egyptiens , sur leur histoire et sur leurs lois antiques , lorsque tout-à-coup leurs oreilles furent frappées d'un gémissement semblable à celui d'un animal qui expire : Cyrus s'arrête ; il entend des cris : l'écho qui les repète lui indique le lieu d'où ils partent ; il y vole avec la rapidité de l'éclair : le vieillard et la suite de ses esclaves, marche sur ses traces. Le jeune Prince, qui les devance tous , arrive le premier ; il voit , dans un enfoncement de la montagne , à côté d'un coursier expirant d'épuisement et de lassitude , une jeune femme renversée sur le sable , et non loin d'elle , un seul esclave qui lutte contre un énorme crocodile.

Long-tems le monstre avait suivi dans l'onde et la femme et l'esclave, précipitant leur course le long du rivage. La mort des deux chevaux arrivée successivement, lui avait donné la facilité d'atteindre sa proie; et il l'aurait enfin dévorée, malgré les efforts de l'esclave sans le secours inattendu que le ciel lui envoyait.

Heureusement le vigoureux égyptien, en voyant le crocodile sortir du fleuve, avait eu le tems de s'armer d'une forte branche de palmier, et saisissant l'instant qu'il s'élançait sur sa tendre victime, il la lui avait enfoncée dans la gueule béante : les dents du vorace animal étaient si profondément entrées dans le bois, qu'il n'avait pas encore réussi à les en arracher, lorsque Cyrus, attiré par le gémissement du coursier expirant et les cris de la femme épouvantée, arrive, voit le péril de cette infortunée, et sans réfléchir à celui qu'il va courir lui-même, tire son glaive, s'avance vers le monstre, et l'atteignant au moment où il dégageait ses dents aigues du palmier, le frappe à la gorge et l'étend sur l'arène, agité des convulsions de la mort. Après cet exploit, qui signale la générosité de son ame

18 *

et la force de son bras , il s'approche
de celle qu'il vient de sauver et l'aide à
se relever. Cependant Hystaspe arrive pour
être témoin de son triomphe.

Les habits , dont la jeune Egyptienne était
revêtue , annonçaient par la finesse de leur
tissu et par l'éclat des broderies dont ils
étaient ornés , qu'elle appartenait au rang
le plus élevé. Cyrus l'interrogeant avec respect , et le front couvert d'une rougeur que
la timidité seule ne fait pas naître , lui demande dans quels lieux elle dirige ses pas,
lui témoigne le desir de l'accompagner et
sur-tout d'apprendre son nom. A mesure
qu'il parle l'inconnue fixe sur lui des regards où brille par degrés une douce assurance. « Vous êtes étranger ! lui dit - elle.
Ah ! combien le service que vous venez de
me rendre me devient précieux ! Combien la reconnaissance que je vous dois est
plus libre et plus pure ! Mon père , lâchement trahi par les Egyptiens , n'a trouvé
du secours que parmi les étrangers ; et moi,
persécutée dès ma tendre jeunesse, proscrite
sur la terre qui fut mon héritage , fuyant
la rage des monstres que l'Egypte renferme

dans ses Palais , et prête à devenir la proie
de ceux qu'elle nourrit dans son limon, je
suis sauvée par un étranger. O puissant Osiris,
et toi vénérable Isis , est-ce à votre main
secourable que je dois ce bienfait » ?

Le Mage de la Perside prit la parole après
Cyrus , et confirmant l'inconnue dans cette
idée religieuse : « N'en doutez pas , lui dit-
il, les Dieux ont seuls conservé vos jours , ils
ont guidé nos pas , ils ont inspiré à Cyrus
le courage qui vous a sauvée ». Ensuite la prenant tendrement par la main, et lui parlant
avec ce ton d'intérêt qui sied si bien à la
vieillesse, il la rassure ; et pour l'engager à
ne point dissimuler son nom et sa naissance,
il l'instruit de celle de son élève et lui nomme
sa patrie.

L'inconnue , tournant sur Cyrus des
yeux où brillaient quelques larmes : « Mon
nom , dit-elle, fut n'aguères célèbre et res-
pecté ; aujourd'hui il ne rappelle plus que
des malheurs. Sans doute vous avez entendu
parler du puissant Apriès, ce Monarque infortuné, qui, victime de la plus lâche perfidie , vient de succomber sous les coups

du rebelle Amasis? vous voyez devant vous Nitétis, (*a*) sa fille.

— Ciel ! s'écria Cyrus, la fille d'Apriès dont l'Egypte dût être l'apanage, erre seule dans ces déserts exposée à la rage des bêtes féroces !.....

— La fille d'Apriès n'a plus de père !

— Comment, interrompit Hystaspe, on disait qu'Amasis, content de retenir Apriès prisonnier dans Saïs, lui rendait les honneurs dus à son rang ».

» Il en a usé ainsi dans les premiers jours qui ont suivi sa victoire ; il a même feint, pour sonder l'inclination du Peuple, de proposer de lui rendre le sceptre qu'il lui avait ravi ; mais en secret, il n'a cessé d'exaspérer les esprits et de répandre contre lui les poisons de la haine et de la calomnie ; furieux de voir que je ne voulais point légitimer son usurpation en l'acceptant pour époux....

— Quoi ! interrompit à son tour Cyrus, Amasis osait prétendre à votre main ?

— Dès long-tems ses prétentions inso-

_____

(*a*) Hérodote, liv. III.

lentes n'étaient point un mystère pour moi ;
heureuse si les malheurs que mon refus a fait
naître n'avaient accablé que moi , et si la
main cruelle dont je rejetai l'offre odieuse,
n'eût point répandu pour se venger , un
sang plus précieux que le mien ! Hélas !
c'est à moi peut-être que je dois imputer
la mort de mon père ; peut-être si j'avais
contraint ma fierté à subir le joug d'Amasis , Apriès vivrait encore ; le rebelle, content de mon obéissance , eût épargné sa victime ; les Dieux ne l'ont pas permis ; ils
m'ont dicté les discours qui l'ont offensé ;
ma piété filiale n'a pu lutter contre la destinée. J'ai vu le Peuple de Saïs , ce Peuple
ingrat , comblé des bienfaits de mon père,
obéissant à une impulsion sanguinaire , s'a-
meuter en tumulte autour de son Palais,
et vomissant les blasphêmes les plus horribles , demander la tête d'Apriès ; j'ai vu,
malgré mes cris , mes larmes et les efforts
de mon désespoir , mon père arraché de
mes bras, traîné par ses cheveux blancs sur
le pavé de ses portiques, assouvir la rage
de ce Peuple féroce qui s'est abreuvé de
son sang. Tout ce que j'ai pu faire dans

ce moment d'horreur, ç'a été d'abandonner au milieu du trouble, ce Palais exécrable; et sous la conduite d'un seul esclave resté fidèle parmi tant de courtisans ingrats, de sortir de Saïs, et remontant le Nil, par des chemins écartés et pénibles, de venir chercher dans Thèbes un asile dans le temple de Jupiter.

« La rapidité de notre course, c ontinua la jeune Princesse, ayant épuisé le cheval que montait mon esclave et le mien, ils sont morts à peu de distance l'un de l'autre, et je mourrais moi-même la proie d'un animal féroce, maintenant étendu sur l'arêne, sans le secours que les Dieux ont daigné m'envoyer ».

A ces mots, la fille d'Apriès, lève vers le ciel un regard timide obscurci par ses larmes; le vieillard laisse tomber sur sa poitrine sa tête vénérable et fixe à terre des regards sombres et mélancoliques; pour Cyrus, il frémit; une flamme rapide parcourt ses veines; ses yeux, où l'éclair de la colère brille à travers les pleurs de la pitié, errent de la belle Nitétis à son sage ami; le silence le plus profond règne au milieu d'eux ; ils restent muets, mais leurs ames s'entendent. Cyrus, comme s'il eût lu dans celle de la belle Egyptienne , lui présente son coursier et monte silencieusement sur celui d'un esclave ; ensuite , sans se demander qu'elle route ils doivent tenir , ils dirigent leurs pas vers Thèbes.

———

LETTRE LVII.

Suite des voyages de Cyrus. Son amour pour Nitétis. Stratagème d'Amasis pour conserver le trône d'Egypte.

TANDIS que la fille d'Apriès et les illustres voyageurs marchaient ainsi, également affectés, Cyrus, les regards attachés sur elle, avalait à longs traits un poison dont il éprouvait pour la première fois la douceur perfide et la force enchanteresse. Nitétis avait alors vingt ans ; sa taille haute et majestueuse se développait avec grâce ; son front respirait l'intelligence, et ses yeux semblaient ne s'ouvrir que pour répandre au-dehors l'éclat des vertus dont son ame était remplie : Nitétis, enfin, était belle, belle dans toute l'étendue de ce mot charmant, trop souvent prodigué à celles qui ne sont que jolies. Le fils de Mandane, dès le premier instant qu'il la vit, ne put

résister à cet assemblage parfait des plus
rares attraits ; il l'aima , ou , pour mieux
dire , il l'adora ; car les premières passions
ne se renferment jamais dans les bornes ordi-
naires. De son côté , Nitétis ne fut point
indifférente aux perfections du Prince : la
pitié , ce premier sentiment de la nature ,
avait ouvert dans le cœur de Cyrus, le
chemin à l'amour ; la reconnaissance l'in-
troduisit dans l'ame de la jeune Princesse :
ainsi ces deux amans , liés à leur insu par
la plus forte sympathie, cheminaient l'un à
côté de l'autre , laissant à leurs seuls regards le soin d'exprimer leurs sentimens.

DÈS qu'elle fut revenue de l'espèce d'ac-
cablement où l'avait jetée le souvenir des
malheurs de son père , Nitétis reprit son
discours , et faisant effort pour s'adresser
au sage Hystaspe , mais tournant involon-
tairement les yeux sur Cyrus , retraça l'histoire de la révolte d'Amasis , et développa
avec autant de justesse que de clarté , les
causes qui l'avaient produite. D'abord , elle
montra l'obscur Amasis (a) , s'élevant à

_____

(a) Hérodote , liv. III.

force d'adresse, depuis la plus basse condition jusqu'au rang le plus élevé, peignit
le caractère de cet homme extraordinaire,
auquel elle accorda une grande valeur, des
talens naturels et acquis, mais dont elle fit
connaître les sentimens impies et corrom-
pues. L'homme, doué de beaucoup d'au-
.l'un esprit insinuant, qui manie avec
art la flatterie et le mensonge, et pour lequel rien n'est sacré, ni dans les cieux ni sur
la terre, réussît parfaitement auprès des rois.

» Après avoir passé la jeunesse la plus dissi-
pée, et ne s'être fait remarquer dans Memphis
que par sa vie licencieuse et ses débordemens,
Amasis, dit-elle, feignit tout-à-coup de
changer de mœurs; il se jeta dans la carrière militaire, et s'y signala par des exploits éclatans. Le roi l'appela à la cour
et lui confia un emploi auprès de sa personne. Le perfide parut satisfait, et témoigna hautement le desir de s'arrêter à ce
premier pas ; il effecta tant de candeur, de
noblesse, de desintéressement, que le roi,
charmé de plus en plus, l'éleva en proportion de l'éloignement qu'il paraissait
avoir pour l'élévation

» Apriès, avec de grandes qualités, avait le défaut assez ordinaire aux monarques, de mettre souvent sa volonté à la place des lois et de négliger l'avis du sénat établi pour tempérer l'autorité royale. Son premier ministre, vieillard sage et expérimenté, s'étant permis de parler avec force contre cet abus, perdit insensiblement son crédit; Amasis, qui n'était point étranger à sa disgrace, s'empara de son poste et envahit entièrement la confiance du roi.

« Ce fut alors que cet ambitieux, considérant avec orgueil la route immense qu'il avait parcourue, et de la boue des plus vils asiles se voyant parvenu aux pieds du trône, résolut d'en franchir les degrés, soit en devenant le gendre d'Apriès, soit en l'immolant à son ambition. Ce fut alors, continua la belle Nitétis, qu'Amasis forma le dessein de me plaire; mais vainement tenta-il tous les moyens de toucher mon cœur; jamais je ne pus oublier sa conduite première; l'éclat même dont il était environné ne servait qu'à me faire mieux distinguer ses vices. Il s'apperçut bientôt de mes dédains, et sans paraître s'en offenser, il tourna ses vues d'un autre côté. Parvenu à captiver l'esprit du roi, il travailla sourdement à lui rendre suspects ses meilleurs sujets, et les fit éloigner sous divers prétextes, écartant ainsi du trône tous ceux qui pouvaient s'opposer à l'usurpation qu'il méditait.

« Cependant Apriès avait envoyé en Lybie, malgré l'avis du sénat, une grande armée pour protéger les Lybiens, (a) dont une colonie grecque avait envahi les terres ; cette occasion parut favorable à Amasis pour l'exécution de ses projets, et il se hâta d'en profiter. Cette armée, mal composée, mal pourvue de munitions et de vivres, fut taillée en pièces et périt presqu'entièrement. Les Egyptiens, persuadés par les émissaires d'Amasis, qu'Apriès n'avait entrepris cette guerre que pour se débarrasser de quelques sujets mécontens qu'il haïssait, et lui imputant le désastre récent, murmurèrent d'abord sourdement, formèrent des ligues secrètes, se soulevèrent enfin et prirent les armes. Le roi, toujours aveugle, leur envoya Amasis pour les appaiser et les faire rentrer dans

(a) Hérodote, liv. I et II.

le devoir; mais, loin de calmer les esprits, le perfide les échauffa, et bientôt, ne gardant plus de ménagemens, se mit à la tête des factieux qui lui décernèrent la couronne. La révolte, comme un vaste incendie, étendit de proche en proche ses cruels ravages. Apriès, obligé d'abandonner la basse Egypte, se retira à Thèbes ; je le suivis dans sa fuite; je tâchai, par mes discours, par mes tendres soins, d'adoucir l'amertume de sa disgrace, de soutenir son courage et d'éloigner de son esprit les funestes idées dont il était accablé. Je lui disait souvent, d'après les expressions du divin Hermès, que les Dieux éprouvent quelquefois les Princes, et versent dans la coupe du sort un mélange de biens et de maux, pour qu'ils n'oublient pas qu'ils sont hommes. Ces réflexions le tranquillisaient peu à peu, et je me flattais qu'il consentirait enfin à mener à Thèbes une vie obscure et paisible. Je m'abusais : une telle résolution était au-dessus de ses forces : ce Prince, qui savait mépriser la mort, ne savait point mépriser la fortune. Incapable de supporter l'idée, qu'un sujet insolent, assis sur le trône de ses pères, allait donner des lois à l'Egypte, il ouvrit l'oreille aux propositions que lui firent des étrangers de s'armer en sa faveur ; il rassembla à Thèbes une armée forte de trente mille hommes, et marcha contre son redoutable adversaire. Je vous ai déjà dit, ajouta la fille d'Apriès, en poussant un profond soupir, qu'elle fût la suite de cet entreprise funeste : mon père, vaincu dans les plaines de Memphis, d'abord traité avec un respect dérisoire, fut ensuite abandonné aux fureurs d'une populace effrénée qui se partagea ses membres palpitans ».

Il y avait quelque tems que Nitétis avait cessé de parler, et le silence régnait de nouveau parmi les voyageurs, lorsqu'un bruit soudain frappa leurs oreilles ; un nuage de poussière, qui s'élève du côté du nord, les avertit envain du danger ; ils ne peuvent s'y soustraire. Une troupe nombreuse de cavaliers armés les enveloppe et les arrête. Le chef de la troupe s'approche avec respect de la fille d'Apriès, et lui signifie de la part d'Amasis l'ordre de retourner à Saïs ; vainement sa fierté se révolte contre cet ordre ; il faut obéir. Cyrus et Hystaspe que l'on prend pour des étrangers du parti d'Apriès sont traités avec moins de ménagement ; on les force de retourner sur leurs pas. Cyrus , peu accoutumé à s'entendre parler avec le ton de commandement , portait déjà la main à son glaive, dont la lame à demi-nue , brillait d'un éclat homicide ; il allait , dans le premier mouvement de sa fureur , se précipiter sur ces soldats insolens , et sans doute succomber sur leurs cadavres entassés, lorsque le sage vieillard , prévoyant les malheurs que pouvait entraîner cette imprudente valeur , l'arrête en lui parlant une langue inconnue aux Egyptiens , lui commande, au nom de son père , de suspendre les effets de son ressentiment. Cyrus se soumet à regret ; sa colère prête à faire explosion , reflue avec son sang jusqu'au fond de son cœur et le gonfle de dépit et de rage ; il repousse lentement son glaive et frémit, semblable au coursier impétueux qui, au moment de s'élancer dans la carrière , est arrêté au milieu de son élan par le mors qui le captive.

La fille d'Apriès et les illustres Persans ,

2   19

sont conduits par la horde farouche depuis
les environs de Tentyre jusqu'à Saïs dans la
basse Egypte ; on ne leur permet de s'arrêter dans les villes nombreuses, qui sont
sur leur passage, que pour se nourrir et
prendre quelque repos. Cyrus et son ami,
traversent Chemnis, Autéopolis, Antinoé,
Memphis, sans pouvoir en observer les beautés. Enfin ils parviennent dans la ville fameuse où Amasis tient sa cour.

A peine ce Prince fut instruit de leur
arrivée qu'il les fit conduire dans un appartement de son Palais. Depuis quelques jours
il avait fait élever, au milieu de Saïs, et
avait offert à la vénération du Peuple, une
statue d'or représentant Jupiter. Il n'avait
encore découvert à personne le but de cet
acte religieux ; mais voyant les hommages
empressés qu'on rendait de toutes parts à
sa nouvelle Divinité, il jugea que le moment était venu d'exécuter son dessein. Il
fit apporter son trône auprès de la statue
du Dieu, et ayant assemblé les Egyptiens,
y monta en leur présence. (a) Nitétis et

_____

(a) Hérodote, liv. III.

les Persans, amenés au pieds du trône ne pouvaient pénétrer l'intention d'une semblable cérémonie.

LORSQUE AMASIS vit la foule immense qui l'entourait disposée à l'écouter, il se leva, et après avoir étendu la main pour lui imposer silence, il parla en ces termes :

« Ecoutez, fils des Dieux , Peuple renommé par votre piété et votre sagesse, vous dont la patrie même est l'ouvrage et que le Nil, le premier des fleuves issus de Jupiter, reconnaît pour ses maîtres, Egyptiens ! écoutez. Ce Dieu qui brille à vos regards, et que vous adorez aujourd'hui comme le père des Dieux et des hommes, n'était, il y a quelques jours, qu'un objet digne de vos mépris. L'or de sa statue, façonné en un vase impur , servait aux usages les plus vils. Un ouvrier intelligent est venu ; il a changé la forme du vase; il a tiré la matière précieuse de l'état d'avilissement où elle était réduite, et lui communiquant la flamme de son génie, lui a donné cette attitude imposante, ce front rayonnant de gloire et cette foudre puissante qui attire

19 *

vos hommages. Vous sentez que le même
artiste pourrait, par un effet contraire, ramener cette superbe statue à sa forme première, et du souverain de l'Univers faisant une cuvette, précipiter Jupiter lui-même
du faîte des honneurs au rang du plus abject esclave.

» C'est ainsi, ô Peuple! que ton opinion
et ton choix règlent le sort de tes maîtres.
Toute autorité réside en toi. Tu es l'ouvrier dont la main créatrice donne la forme
et la vie, élève ou abaisse, dispense à son
gré les honneurs ou l'infamie ; tu fais tes
Dieux et tes rois ; tu es l'arbitre suprême
de leur destinée.

» Je t'affranchis des craintes frivoles que
t'inspirait ton propre ouvrage ; je te dévoile
le secret de ta force ; je te le dis : tous
les hommes sont égaux. Quand il te plaît
d'en élever un au-dessus de tous, il devient,
par l'effet seul de ta volonté, le premier
des hommes. J'ai combattu pour ton bonheur;
j'ai brisé le joug avilissant qui pesait sur ta
tête ; je suis monté sur le trône soutenu
par ton bras invincible ; mais l'autorité que
je tiens de toi, tu peux la reprendre et la

donner à un autre , non parce qu'il sera plus connu par le nom suspect de ses an‑cêtres , mais parce qu'il sera plus digne que moi de te rendre heureux.

» Peuple ! regarde à mes côtés la fille de ton ancien Monarque, la belle Nitétis , dont le sang réclame peut-être la couronne que tu m'as décernée ; si ton orgueil refuse d'o‑béir à une femme , nomme l'époux que tu lui destine ; quel qu'il soit , je descends du trône et me confonds avec plaisir dans la multitude ».

A ce discours adroit et flatteur , le Peuple , dans l'ivresse de sa joie , s'agite en tumulte ; Nitétis , qui sent le piége , veut envain se faire entendre ; les acclamations universelles étouffent sa voix. Mille cris s'élèvent; on con‑jure Amasis de rester sur le trône ; on le nomme le successeur , le gendre d'Apriès , tandis que , debout sur la première marche , et dans l'attitude d'un homme prêt à des‑cendre , il reste immobile et semble étran‑ger à ce transport; on le presse , on le prie ; il cède enfin , et reçoit la royauté comme une grâce qu'il fait aux Egyptiens. Ainsi il parvient à affermir son autorité et à légitimer son pouvoir.

Cependant Nitétis, reconduite au Palais, est laissée libre de recevoir la main d'Amasis, ou de se consacrer aux Dieux. Le choix de la malheureuse Princesse n'était pas douteux ; elle se voua au culte d'Isis. Cyrus et Hystaspe furent interrogés. Amasis, convaincu qu'ils n'étaient, ni du nombre des Egyptiens attachés à Apriès, ni du nombre des étrangers qui l'avaient servi, les fit mettre en liberté, sans soupçonner le haut rang où l'un des deux était appelé par la destinée.

Il est impossible d'exprimer la douleur que ressentit Cyrus en se séparant de celle qui, la première, lui avait révélé l'existence de son cœur ; il profita du seul moment qui lui restât pour lui découvrir la passion qu'elle avait fait naître, et lui demander si elle consentirait à passer en Perse, dans le cas où il serait assez heureux pour oser aspirer à sa main et lui offrir un rang digne d'elle. Nitétis, touchée de l'amour du jeune héros, répondit à sa déclaration, de manière à lui prouver qu'il ne lui était pas indifférent, et accepta l'espoir flateur qu'il lui donnait.

R I E N ne retenant plus Cyrus en Egypte, et le Mage, ne voulant point se faire connaître à Amasis dont il n'aimait point le caractère, ils sortirent ensemble de Saïs et prirent la route de Canope. Leur dessein était de s'y embarquer pour se rendre à Carthage, dont la splendeur effaçait déjà celle de Tyr et de Sidon ; delà, ils devaient passer en Europe, visiter la Sicile, l'Italie, où Rome au berceau, cultivait en silence les vertus qui devaient dompter l'U-nivers, traverser ensuite la Grèce si fertile en héros, franchir l'Hellespont et retourner en Perse par l'Asie mineure ; mais au moment de s'embarquer, un navire parti de Tyr, leur apporta des nouvelles qui les forcèrent de hâter leur retour dans la Perside.

A son arrivée, Cyrus trouva sa mère Mandane prête à descendre au tombeau ; une

maladie cruelle , dont on ignorait les causes ,
avait tari les sources de sa vie ; cette mère
tendre, prévoyant bien qu'à sa mort , son
père Astyage renouvellerait ses poursuites
contre Cyrus , avait pensé , pour le soustraire aux fureurs de son aïeul , de lui faire
former une alliance qui lui assurât en Perse un
parti puissant ; d'accord avec Cambyse son
époux, elle avait jeté les yeux sur l'aimable
Cassandane, fille de Pharnasse , de l'illustre
maison des Archeménides ; (a) et ne dou-
tant point de l'obéissance de son fils, elle
avait déjà ordonné les apprêts de son hymen. Quelle alternative cruelle pour le jeune
Prince? Il fallait empoisonner par son refus les derniers jours d'une mère chérie, ou
se déchirer le cœur en renonçant à l'espoir
qu'il avait donné lui-même à la fille d'Apriès.
Quels combats le devoir et l'amour ne li-
vrèrent-ils pas dans son ame! Forcé de
choisir entre l'un ou l'autre parti , il
choisit celui des deux qui exigeait le plus
de courage et de vertu; victime obéissante,

(a) Hérodote , liv. III.

il courba sa tête sous le joug du devoir, et marcha à l'autel où l'aimable Cassandane devint son épouse.

Cependant ce que sa mère avait craint se vérifia. Dès que ses yeux furent fermés à la lumière, Astyage, sous prétexte de rétablir dans la Perside les anciens tributs, dont il l'avait déchargée en considération du mariage de sa fille avec Cambyse, y entra à la tête d'une armée formidable. Harpage, cet ancien ami de Cyrus, le prévint de cet armement, et lui envoya, par un message fidèle, les instructions nécessaires pour le faire échouer. (*a*) Cyrus, à la voix de la guerre qui retentit agréablement à ses oreilles, s'éveille et communique aux Persans l'enthousiasme belliqueux qui l'anime ; Pharnasse l'aide de ses secours ; en un moment la Perside est hérissée de soldats ; elle secoue le joug des Mèdes et s'apprête à se défendre contr'eux.

(*a*) Hérodote, liv. I.

LETTRE LVIII.

Conquêtes de Cyrus.

DÈS le commencement de l'histoire de
Cyrus, je t'ai promis, ma chère Sophie,
de tracer le pendant du tableau consacré
aux mânes de Sémiramis : je viens de terminer ma promesse. Saisissant tour-à-tour
la plume des poëtes et des philosophes, j'ai
rassemblé en quelques pages les traditions
les plus universellement répandues sur le
compte de ce conquérant. Tu te tromperais
cependant, si tu croyais que ces traditions
ont été également adoptées ou qu'elles n'ont
pas été contredites. Trois portraits de Cyrus
nous sont parvenus de l'antiquité : le premier, dessiné par Hérodote, ressemble à
peu de chose près à celui que je viens
d'esquisser ; le second, tracé par Xénophon,
est plutôt une figure d'imagination qu'un
portrait d'après nature ; le dernier, copié

d'après Ctésias, ne ressemble ni à l'un ni à l'autre : c'est la statue du Gladiateur à côté de l'Apollon du Belvéder. Essayons d'en crayonner les traits divers.

D'abord, Xénophon donne à Cambyse le titre de roi de Perse; (a) il fait élever Cyrus au sein de sa famille, confondu parmi les enfans de son âge, et ne parle ni des craintes d'Astiage son aïeul, ni des dangers auxquels il fut exposé. A l'âge de douze ans, il l'envoye à la cour d'Ecbatane, où le spectacle de sa vertu austère est un grand sujet d'étonnement pour les jeunes gens amolis de la cour d'Astyage.

Après quelques combats entre les Assyriens et les Mèdes, où Cyrus a occasion de signaler son courage, Astyage meurt, et Cyaxare, son fils, toujours en guerre contre les Assyriens, confie à Cyrus, malgré sa grande jeunesse, le commandement de ses armées. Cyrus fait des prodiges; il bat les Assyriens et défait un roi d'Arménie qui était venu à leur secours. Cependant Cyaxare

_____

(a) *Cyroped.* liv. I.

commence à devenir jaloux de la gloire du
fils de Cambyse ; il cherche à l'arrêter dans
sa marche triomphante ; il lui tend des
piéges ; mais le jeune héros les évite tous ;
à la tête des Mèdes, qui le suivent malgré
leur Monarque même , il renverse les empires d'Assyrie et de Lydie , s'empare de
Babylone et de Sardes, et forçant enfin Cyaxare
à lui rendre son amitié , épouse sa fille , et
reçoit en dot la couronne des Mèdes.

Ainsi, suivant Xénophon, Cyrus ne dé-
trône point le roi de la Médie , mais seulement hérite de ses vastes états , ce qui est
contraire à tout ce que l'antiquité a eu d'historiens dignes de foi.

Suivant Ctésias, (a) Cyrus n'était ni le
parent ni l'allié d'Astyage ; la soif des conquêtes le fit sortir de la Perse où il était
inconnu, comme celle du carnage fait sortir un lion de son repaire ; à cette époque,
les Perses étaient le Peuple le plus obscur de l'Asie ; mais ils possédaient ces ver-

(a) Photius. édit. *in-f°.* d'Olivia , donnée par
Paul Etienne en 1611. cod. 72.

tus mâles et guerrières qui font la force des conquérans. Cyrus, songeant à relever l'antique monarchie de la Perside, vit qu'il n'y avait que deux puissances capables de porter obstacle à ses projets : l'Assyrie et l'empire des Mèdes ; mais l'une et l'autre, dégradées par plusieurs siècles de molesse, ne se soutenaient aux yeux des nations que par le souvenir de leur antique force. Cyrus, à la tête d'une armée formidable, parut sur les frontières de la Médie, batit Astyage, le poursuivit jusqu'aux portes d'Ecbatane, emporta la ville d'assaut, et contraignit l'infortuné monarque à se cacher dans un souterrain. Ce fut là, suivant le récit du même Ctésias, que Cyrus déploya le caractère le plus féroce. Il fit mettre à la torture Amytis, la fille d'Astiage, avec Spitame son époux et leur deux enfans, Spitace et Mégaberne, pour les forcer à indiquer la retraite du Monarque ; et lorsqu'Astyage, au bruit de cette barbarie, osa paraître courageusement devant lui, il récompensa sa grandeur d'ame en le faisant charger de fers.

Maître de l'empire des Mèdes par le trépas d'Astyage, et de la main d'Amytis, par

le meurtre de Spitame son époux, Cyrus,
continue Ctésias, tourna ses armes contre
les Saces; mais rebuté par la valeur de ce
Peuple sauvage, il l'abandonna pour fondre
en Lybie : Crésus, alors roi de Sardes,
voulut s'opposer à ce torrent dévastateur,
mais il fut entraîné par les flots ensanglan-
tés, et vit tous ses trésors passer aux mains
du vainqueur, qui, par un reste de pitié,
lui permit de vivre au fond de la Médie,
où il lui assigna un modique domaine.

Les historiens de Cyrus, comme tu le
vois, ma chère Sophie, si peu ressemblans
dans leurs récits, se réunissent pourtant en ce
point, qui est que Cyrus, fameux par ses
exploits militaires, éleva la puissance des
Perses sur les débris de celle des Mèdes,
conquit Sardes et Babylone et se rendit
maître d'une partie de l'Asie : c'est tout ce
qu'il importe de savoir. Les détails sont
arbitraires, et si j'ai choisi ceux qu'Hérodote
nous a conservés, c'est que je les ai trouvés
plus dramatiques et plus susceptibles d'ornemens. Xénophon, moraliste froid et ha-
rangueur sophistique, et Ctséias écrivain par-
tial et bilieux, ne m'ont point paru mériter

la préférence : ce qu'ils avancent l'un et l'autre n'est pas mieux prouvé que ce que raconte Hérodote ; et à tout prendre, il était naturel, placé, comme je l'étais entre trois routes également inconnues, de suivre celle qui m'offrait le plus de variétés et de sites heureux. Ce n'est pas qu'Hérodote ne se contredise quelquefois ; mais alors j'ai pris hardiment mon parti, et sans scrupule j'ai adopté la manière de voir qui m'a paru la plus naturelle et la plus intéressante. Je ne citerai qu'un seul exemple.

L'historien grec, dans son troisième livre intitulé Thalie, hésite pour savoir s'il donnera Nitétis pour maîtresse à Cyrus ou à Cambyse son fils, et rapporte à ce sujet deux opinions diamétralement opposées ; mais il me semble qu'il ne peut y avoir de doute; car Nitétis, étant fille d'Apriès, doit avoir été contemporaine de Cyrus et non de Cambyse, qui n'entra en Egypte et ne détrôna Psaménit, successeur d'Amasis que quarante ans après la mort d'Apriès. D'ailleurs Hérodote convient, dans un autre endroit, que les amours de Cyrus et de Nitétis furent une des causes de la guerre que

Cambyse fit aux Egyptiens. Voici comme il raconte ce fait digne d'être connu.

Un jour , dit-il , (a) une dame persanne étant venue visiter Cassandane , femme de Cyrus , et la félicitant sur le bonheur dont elle jouissait , la reine soupira , et laissant éclater quelques reproches contre son époux , se plaignit de ses préférences pour Nitétis : Cambyse , alors âgé de dix ans , voyant couler les pleurs de sa mère , s'approcha d'elle et lui dit : « Ne pleurez pas , maman, quand je serai plus grand je renverserai toute l'Egypte pour vous venger ». Ce prince, étant monté sur le trône, se souvint de cette promesse et l'Egypte fut renversée.

Quant au voyage que nous venons de voir entreprendre à Cyrus, je n'en affirmerai pas l'authenticité ; mais il suffit qu'il m'ait donné occasion de peindre de profil quelques peuples dont je ne voulais point tracer le portrait en grand. Il existe une histoire des voyage de Cyrus , écrite par Ramsay, ouvrages dont le seul mérite est peut-être d'avoir donné au docte

(a) Liv. III.

et sublime Barthélemy l'idée des voyages d'Anacharsis, cette encyclopédie grecque, chef - d'œuvre d'érudition et de goût. Le Cyrus de Ramsay, qui voit par-tout le Messie, ne ressemble point du tout au mien.

Mais après t'avoir fait connaître le Cyrus des poëtes, il me reste à te montrer le Cyrus des historiens; je vais en agir à son égard comme j'ai fait pour Sémiramis. J'ai erré lentement dans les sentiers de l'histoire tant qu'il s'est présenté des fleurs à cueillir et que j'ai eu des loisirs et du tems; mais aujourd'hui que la trompette des combats résonne et que la carrière de l'ambition est ouverte, je vais marcher avec plus de rapidité.

JE t'ai dit dans ma dernière lettre que Cyrus, instruit par Harpage des préparatifs que faisait contre lui le roi des Mèdes, se mit en devoir de se défendre. Il convoqua les Perses, et après leur avoir fait sentir, non par de vains discours, mais par des images sensibles, les peines qu'entraîne la servitude, et les plaisirs qui naissent de

2   20

la liberté, leur rappela la gloire de leurs ancêtres et leur proposa de briser le joug humiliant dont les étrangers les accablaient depuis tant de siècles, Les Perses, comme sortant à sa voix d'un assoupissement profond, ne répondirent à ses propositions que par des cris de joie et se rangèrent en foule sous ses drapeaux.

Informé qu'Astyage faisait marcher ses troupes par le désert pour pénétrer en Perse, il le prévint avec une diligence inouie; traversa les montagnes escarpées, et arriva dans les plaines de Passagarde par des chemins impraticables à tout autre qu'à lui.

Les deux armées se trouvèrent en présence. La plaine où elles déployaient leurs ailes formidables était couverte de sables arides que les vents agitaient avec violence; Cyrus, par une manœuvre adroite, se posta si avantageusement que la poussière en s'élevant dans les airs frappait les yeux des Mèdes et les couvrait de ses épais tourbillons. Son armée était rangée en bataille à douze files de hauteur, afin que les javelots des derniers rangs pussent atteindre l'ennemi; un corps de réserve, composé de

soldats d'élite , et formé en phalange triangulaire, était placé à quelque distance derrière le corps d'armée.

Les troupes d'Astyage formées en nombreux bataillons , étaient divisées en cohortes
quarrées de trente hommes de hauteur, et
présentaient un front impénétrable. Au devant de ces cohortes étaient rangés, avec
un appareil effrayant, mille chars armés de
faulx tranchantes , traînés par des coursiers
fougueux.

Les armes des Mèdes étaiens brillantes
et légères ; l'or et les pierres précieuses écla-
taient sur les cuirasses des généraux et des
chefs. Les Perses étaient armés sans luxe ;
les cuirasses des soldats , comme celles des
officiers , étaient composées de lames de fer
semblables aux écailles des poissons ; un pa-
nache blanc flottait sur leur casque d'airain ;
leurs carquois retentissant pendaient au-dessus
de leurs boucliers ; leurs dards étaient courts,
leurs arcs longs, leurs flèches d'un bois léger et armées d'un fer aigu , leurs cimetères
larges à double tranchant ; ils suivaient pour
étendart une aigle d'or aux aîles déployées.

Enfin le combat s'engage. D'abord les

20 *

Mèdes enfoncent, au moyen de leurs chars,
le centre de l'armée persanne et se flattent
de la victoire ; mais Cyrus ordonne aux deux
aîles de s'étendre et de les envelopper ; la
phalange triangulaire s'avance , ouvre leurs
rangs déjà ébranlés par une première attaque,
écarte leurs chars , et les heurte de front.
Le carnage devient affreux. Les Mèdes surpris des effets de cette tactique inconnue ,
sentent le frisson de l'épouvante ; les Perses,
animés par Cyrus , les serrent de toutes
parts et les taillent en pièces ; Astyage abandonné des siens , cherche son salut dans la
fuite. Il arrive à Ecbatane, et là , transporté
de fureurs , il livre au supplice les Mages
imposteurs, dont les fausses prédictions l'ont
précipité dans l'abîme. Cependant il lève une
nouvelle armée et tente encore le sort des
combats ; mais comme le massacre des
Mages n'inspire pas plus de courage à ses
guerriers , il est battu de nouveau et tombe
vivant entre les mains de son terrible
rival.

Cette seconde victoire porta un coup mortel à l'empire des Mèdes. La puissance qui
leur appartenait depuis la mort de Sardanapale

et la révolte d'Arbace , passa aux Perses
et assura à Cyrus la domination de l'Asie.
Ce Prince, soit comme le dit Hérodote ,
par l'effet seul de ce triomphe , soit comme
le dit Xénophon en épousant une petite
fille d'Astyage , ou soit enfin , suivant le
récit de Ctésias , en immolant cet infortuné monarque à son ambition, et forçant sa
fille à lui donner la main , ce Prince , dis-
je , devint le maître de la Médie , qui du
rang de souveraine tomba à celui de tri-
taire de la Perside.

D'après le calcul chronologique que j'ai
adopté , ce grand événement arriva vers l'an
1,694 de la fondation de Babylone, c'est-à-
dire , environ 2,336 ans avant nous. Ainsi
l'empire des Mèdes que nous avons vu commencer 2,605 avant l'époque où j'écris,
exista 269 ans, pendant lesquels dix rois (33)
se succédèrent sur le trône d'Ecbatane.

LETTRE L·IX.

Histoire des rois de Lydie.

Il est présumable que Cyrus triomphant , Cyrus livré à son caractère impétueux , assis sur le premier trône du monde , et éni- vré des fumées de l'orgueil , oublia peu à peu les sages leçons d'Hystaspe et celles de la vertueuse Mandane , et qu'il renonça aux vertus rigides des Perses , pour adopter le luxe des rois d'Ecbatane. Il paraît cer- tain par l'histoire même des faits , que peu content d'ajouter à l'hymen de Cassandane , qu'il avait formé sous les auspices de sa mère , l'hymen d'Amytis qui était l'ouvrage de sa politique , il demanda encore la main de la fille d'Apriès et l'obtint. La belle Nitétis quitta les rivages du Nil dans l'espoir de régner dans les murs d'Ecbatane ; mais forcée de partager avec deux rivales le sceptre et la couche de son époux , elle ne jouit point d'un bonheur sans mélange, et regretta, plus d'une fois sans doute, la solitude et l'innocence de ses premières années.

Cependant le roi de Lydie, allarmé des succès de Cyrus et voyant l'équilibre de l'Asie rompu par les conquêtes de ce Prince, redoutant d'ailleurs que ce torrent débordé ne s'étendît jusqu'à lui, résolut d'opposer une digue à ses ravages.

Mais avant de te raconter l'histoire de cette guerre, dont l'issue ne fut point favorable au roi de Lydie, il me paraît indispensable, ma chère Sophie, d'entrer dans quelques détails et sur ce même royaume, et sur Crésus qui y régnait alors.

La Lydie était située dans cette partie de l'Asie nommée depuis Asie mineure. A l'époque du règne de Crésus, ce royaume comprenait toutes les nations situées en deçà du fleuve Halis, (a) qui roulant ses flots du midi au nord, sépare la Syrie de la Paphlagonie et va s'ensevelir dans le Pont-Euxin.

Il faut croire que le Peuple Lydien

_____

(a) Hérodote, liv. I.

remontait à une haute antiquité, puisqu'avant
même la chûte de Troye, antérieure à Crésus
de près de sept siècles, la Lydie était déjà une
des contrées de l'Orient la plus renommée par
son luxe et par son opulence. Les richesses
et le faste de Crésus , dont l'éclat perçant
l'obscurité des tems , est devenu proverbe
parmi nous, n'empêchèrent point ce malheureux Monarque de tomber victime de l'ambition de Cyrus : tant il est vrai que les
trésors ne suppléent jamais à la valeur, et
que la force des états réside principalement
dans le génie de leurs chefs.

Crésus, dernier roi de Lydie, était de la
maison des Mermnades , dont Gygès , si
renommé par sa beauté et ses aventures
galantes, avait été la tige ; avant les Mermnades , les Héraclides avaient occupé le trône,
et antérieurement aux Héraclides, les Atyades.

Je vais parcourir à grands traits les annales
de ces trois maisons , en ne m'arrêtant que
sur les événemens dignes de quelque attention , semblable au voyageur qui hâte ses
pas dans une plaine aride pour se reposer
plus long-tems sous les touffes d'arbres dont
sa route est parsemée.

La Lydie se nommait jadis Méonie, du nom de Méon roi de Phrygie dont elle avait reçu des lois. (*a*) Ce Méon avait une fille appelée Cybele, dont la beauté était merveilleuse ; Atys, jeune phrygien d'une naisssance obscure, mais aimable et tendre, soupira pour elle et parvint à s'en faire aimer ; ne pouvant obtenir sa main du consentement de son père, il lui persuada de le suivre et la conduisit à Sardes, où il parvint à se créer un état indépendant. Lydus, qui naquit de ce mariage, donna son nom à l'empire que son père avait fondé.

Cet empire, après la mort de Lydus, obéit tour-à-tour à six souverains parmi lesquels on remarque Alcime et la reine Omphale : Alcime, si cher à ses Peuples, qu'ils lui dressèrent des autels, et Omphale, si fameuse par l'amour qu'elle inspira au plus grand des héros de son tems, Hercule, qu'elle contraignit de filer à ses pieds.

On dit qu'Omphale, loin d'être du sang

(*a*) Eusèbe. *Prepar. Evang. chap.* 4.

des rois, n'était qu'une courtisanne Lydienne,
dont l'extrême beauté attira les regards de
Tmolus, alors roi de Lydie. (a) Séduit
par les charmes de cette femme, Tmolus,
la tira du rang le plus abject, la fit entrer dans son lit, et à sa mort la déclara
son héritière. Omphale se montra d'abord
digne de cette haute fortune ; et la Lydie,
heureuse sous son règne, lui pardonna son
élévation. La renommée ayant porté jusqu'en Grèce le bruit de sa beauté, le fils
d'Alcmène en devint épris, se laissa vendre
à cette reine célèbre pour pouvoir approcher d'elle sans en être connu, et là, caché sous les habits d'un esclave obscur,
se soumit aux plus humbles travaux. Instruite de sa conquête, Omphale éprouva
la constance de son amant, jusqu'à l'obli-
ger à tourner le fuseau à ses pieds ; elle
couronna enfin son espoir, et le héros reconnaissant délivra ses états des brigands
qui l'infestaient.

La calomnie, qui flétrit de son venin les

(a) Apollod., liv. II.

réputations les plus brillantes, n'a pas plus épargné Omphale que Sémiramis : quelques historiens ont prétendu qu'elle avait fini sa carrière comme elle l'avait commencée, et que la Lydie, honteuse de ses débordemens, avait secoué le joug. Quoiqu'il en soit de la première de ces assertions, il paraît du moins certain qu'il se forma une conspiration, où l'épouse d'Hercule, privée du secours du seul héros qui pouvait la défendre, perdit la couronne et la vie.

A la mort d'Omphale, la Lydie, agitée par les convulsions de l'anarchie, passa sous la domination des Troyens et fit partie de la vaste monarchie de Priam. (*a*) La chûte de Troye ayant rendu à cet état son indépendance, on vit sortir de l'obscurité un nommé Agron, qui se prétendant issu d'Hercule, s'empara à main armée de ce qu'il appelait le patrimoine de ses ancêtres, et fit ensuite légitimer son usurpation par les oracles : cet Agron fut le chef de la maison des Héraclides.

(*a*) Homère, *Iliad.*

Au rapport d'Hérodote, (a) vingt-deux Héraclides se succédèrent sans interruption sur le trône de la Lydie, durant l'espace de cinq siècles. Candaule, le dernier de ces Monarques, mérite de fixer notre attention par l'aventure singulière qui mit fin à sa dynastie. Cette aventure me paraît tellement fabuleuse que je ne puis m'empêcher d'emprunter, pour la raconter, la manière dont ma nourrice avait accoutumé de se servir pour m'endormir avec ses contes de Fées.

« Il y avait une fois en Lydie un roi et une reine ; le roi se nommait Candaule ; il aimait passionnément la reine qui était d'une merveilleuse beauté.

» Un jour Candaule, s'entretenant avec Gygès, l'un de ses courtisans auquel il avait beaucoup de confiance, lui dit : Je t'ai beaucoup parlé de la beauté de ma femme ; mais peut-être tu crois que l'amour m'aveugle sur son compte ; écoute, pour te convaincre qu'elle est encore plus belle que je ne puis dire, je veux que tu la voies

---

(a) Liv. II.

comme je la vois , sans autre voile que sa pudeur.

» Gygès rougit à cette proposition ; car quoiqu'il n'en eût osé rien dire , les charmes de la reine avaient fait impression sur son cœur ; il s'en défendit pourtant , disant au roi : Y pensez-vous , sire , de m'exposer à ce danger ; ignorez-vous que toute femme qui dépose ses vêtemens dépose aussi sa pudeur ? Ah ! de grâce.... Non , interrompit le roi , je le veux absolument. Dès que la nuit sera venue tu te glisseras dans ma chambre royale par une porte secrète , et caché derrière un rideau , tu verras la reine ôter lentement , et pièce à pièce , les habits qu'elle porte et les poser , suivant sa coutume , sur une table : alors tu pourras concevoir toute l'étendue de mon bonheur ».

Gygès voulait repliquer , mais le roi avait dit : je le veux ; il fallut obéir. Il rassasia ses yeux du spectacle voluptueux qui lui était offert , et se retira quand la reine se fut placée au lit.

La reine l'ayant apperçu à travers le rideau interrogea son mari sur la hardiesse de ce courtisan et apprit toute l'aventure.

Résolue de se venger de l'affront qu'elle avait reçu, elle fait venir secrètement Gygès : « Je sais, lui dit-elle, ce que mon mari a exigé de toi ; tu as commis un crime que tu dois expier ; choisis des deux partis que je t'offre ; meurs ou assure-toi, par la mort de Candaule, la possession de sa couronne et de sa femme. »

Gygès accepta le dernier parti. La reine le cacha elle-même derrière le rideau et lui donna un poignard. Vers le milieu de la nuit il sortit de sa retraite, égorgea Candaule, et dès le jour suivant, il fut proclamé roi des Lydiens. Ainsi finit l'histoire ».

Voilà, Sophie, de quelle manière Hérodote raconte l'aventure de Gygès ; mais Platon rapporte à ce sujet une tradition encore plus étrange. (a) Ecoutons ce philosophe, discourant sous le portique d'Athènes, et que le style de ma nourrice cède la place au style figuré des orateurs.

» Bornant son ambition au soin de ses troupeaux, Gygès, le plus beau berger que

_____

(a) De Républ. liv. II.

la Lydie possédât dans son sein, errait un jour aux environs de Sardce, lorsque soudain le ciel s'obscurcit; l'éclair brille et sillone la nue; la foudre gronde; un orage affreux se manifeste; Gygès voit à ses pieds un abîme profond qui s'entr'ouvre. Revenu de la surprise où cet événement l'a jeté, il ose descendre jusque dans les entrailles de la terre, et voit, parmi d'autres monumens extraordinaires, la statue colossale d'un cheval, dont les flancs d'airain s'ouvrent à ses yeux, et lui laissent distinguer un cadavre embaumé.

» Ce cadavre, qui semblait, par sa taille majestueuse, avoir appartenu à un être supérieur aux hommes, portait au doigt un anneau d'or, dont Gygès s'empara.

» Le berger, revenu parmi les compagnons de ses travaux, ne tarda pas à s'appercevoir que l'anneau, dont les Dieux l'avaient rendu possesseur, avait la faculté merveilleuse de le rendre invisible. Il sentit tout l'avantage qu'il pouvait tirer d'un pareil trésor, et se rendit à Sardes pour en faire usage.

« Sa rare beauté (a) lui ayant servi à séduire la reine , sa bague lui fournit les moyens de s'introduire auprès d'elle et l'aida à ravir à l'infortuné Candaule , l'honneur , la vie et le sceptre à la fois ».

Assurément il n'a jamais existé de bagues enchantées que dans l'imagination de Platon ou dans les poëmes de l'Arioste, mais il est certain qu'il a existé un Gygès , et que ce Gygès a été le chef de la maison des Mermnades.

Après avoir détrôné Candaule, et s'être fait confirmer roi de Lydie par les oracles complaisans des Dieux, Gygès se signala par des exploits éclatans, vainquit les peuples de Milet et de Magnésie et les contraignit à lui payer tribut. (b) Les mines d'or qu'il découvrit dans ses états, et qu'il fit exploiter , le rendirent en peu de tems le monarque le plus opulent de l'Asie.

Tranquille possesseur du trône de Candaule,

(a) Le nom de Gygès signifie *beau*.

(b) Strabon , liv. XIII et XIV.

redoutable à ses voisins, en état, par ses richesses, de satisfaire tous ses desirs, il ne manqua rien à son bonheur ; il le crut du moins, et c'est dans cette persuasion qu'il consulta l'oracle pour savoir s'il y avait au monde un homme plus heureux que lui : la Pythie, contre son attente, nomma Aglaüs : or, cet Aglaüs était un pâtre de l'Arcadie, qui satisfait de l'héritage de ses pères, n'ambitionnait rien audessus de son troupeau, ne connaissait rien au-delà de son modeste domaine.

Solon, interrogé dans la suite par Crésus, lui fit une semblable réponse.

Suivant le récit d'Hérodote, (a) Crésus, ivre de son pouvoir et de ses richesses, reçut dans sa cour le législateur d'Athènes ; curieux de savoir quelle effet ferait sur son ame la vue des trésors immenses dont son palais était rempli, il ordonna qu'on les déployât devant lui dans toute leur magnificence ; ensuite ayant fait approcher l'austère républicain, il lui tint ce langage :

_____

(a) Liv. I.

« Parle avec vérité , Solon , as-tu vu sous le Soleil un homme plus heureux que moi ?

— Oui : j'ai vu Tellus.

— Tellus! Jamais le nom de ce roi n'est venu jusqu'à mes oreilles.

— Tellus n'était pas roi ; il n'était que le simple citoyen d'une ville libre. Après la vie la plus exempte de trouble et d'ambition, il mourut au sein de la victoire en combattant pour sa patrie , et laissant une nombreuse postérité héritière de ses vertus.

— Et bien, en supposant que cet obscur Tellus fut réellement plus fortuné qu'un roi de Lydie , dis-moi du moins quel serait, après son sort, celui que tu envierais le plus?

— Le sort de Cléobis et de Biton. Leur mère était Prêtresse du temple de Junon, à Argos. Un jour que l'on célébrait la fête de la Déesse , les taureaux, destinés à traîner le char sacré, tardant à venir, ils prirent eux-mêmes le joug et traînèrent leur mère jusqu'au temple. Cette mère, touchée de cette preuve de leur tendresse filiale , demanda à la souveraine des Dieux de leur accorder le sort le plus heureux dont les mortels pussent jouir : elle fut exaucée. Les deux frères s'endormirent d'un sommeil paisible et ne se réveillèrent plus qu'au sein de l'éternité. Les Argiens, certains que leurs vertus les avaient élevés au rang des Dieux, leur décernèrent des statues.

— Je ne conçois par l'obstination qui te porte à me faire entendre que je ne suis pas heureux.

— C'est que le bonheur de l'homme est comme l'ombre fugitive qui ne se fixe qu'avec la nuit : ce n'est qu'au-delà du tombeau qu'existe le bonheur : tant que l'homme respire il doit craindre les coups du sort ».

Solon raisonnait juste : Crésus ne tarda pas à reconnaître la vérité de ce discours.

APRÈS la mort de Gygès, Ardys, Sadyatte et Alyatte se succédèrent tour-à-tour sur le trône lydien. Alyatte, par ses conquêtes nombreuses, étendit les bornes de son empire. Il se mesura avec le roi des Mèdes, Cyaxare, et lutta contre ce redoutable rival. Leur différent, comme nous l'avons vu, (a) se termina au milieu d'une

(a) Lettre XLVIII.

21 *

éclipse, et Aryénis, sa fille, devint l'épouse d'Astyage, héritier présomptif de la couronne d'Ecbatane.

Crésus, fils d'Alyatte, était donc le proche allié d'Astyage, et les succès de Cyrus devaient doublement l'irriter, soit comme homme, soit comme politique.

(325)

LETTRE LX.

Renversement de l'empire de Lydie. Histoire des rois de Babylone.

AVANT de déclarer la guerre à Cyrus et de rien entreprendre contre lui, Crésus voulut connaître la volonté des Dieux et soulever le voile dont ils couvraient les secrets de l'avenir : curiosité vaine et funeste! fatale superstition ! La voix des oracles, toujours ambiguë et trompeuse, ne servit qu'à l'entraîner dans l'abime qu'il voulait éviter. Crésus était un homme faible et crédule ; cependant, avant de faire choix d'un oracle parmi ceux qui peuplaient l'Asie, l'Afrique et l'Europe, il résolut d'éprouver leur pénétration et de ne se fier qu'à celui qui mériterait sa confiance. Il dépêcha, en conséquence, ses messagers de part et d'autre, et les chargea d'interroger Apollon à Delphes, Jupiter à Dodone et au temple d'Ammon, et Amphiraüs à Trophonie et aux

Branchides , sur les frontières des Milésiens.
On ne dit point quelle fut la réponse de
tous ces oracles : celle de la Pythie de Delphes est seule parvenue jusqu'à nous : elle
était exprimée dans cinq vers dont voici
le sens : « Qui pourrait échapper à ma vue ?
» La mer n'a point d'abîmes que je ne
» pénètre , point de grains de sable dont
» je ne connaisse le nombre. L'être qui ne
» parla jamais a un langage pour moi. Je
» vois en ce moment la chair d'une tortue
» et celle d'un agneau cuisant ensemble dans
» un vase d'airain » (a).

Et en effet , le jour où cet oracle fut rendu ,
on servit sur la table du roi de Lydie une
tortue et un agneau apprêtés ensemble dans
le même vase. Il n'en fallut pas davantage
pour décider le Monarque superstitieux. Persuadé que le Dieu de Delphes avait seul le
pouvoir de lire dans l'avenir , il chargea
ses autels de riches offrandes et l'interrogea
sur deux objets : premièrement s'il ferait bien
de déclarer la guerre aux Perses ; seconde-

(a) Hérodote , liv. I.

ment , s'il conserverait long-tems le pouvoir suprême.

La Pythie répondit sur le premier objet,
« que si Crésus passait le fleuve Halys , il
» renverserait un grand empire » ; et sur le
second, « qu'il n'avait rien à craindre tant
» qu'un Mulet n'occuperait pas le trône des
» Perses ».

Le roi de Lydie , tout-à-fait rassuré par
la Pythie, ne balança plus à déclarer la
guerre à Cyrus ; sur la fois de l'oracle, il
se hâta de passer le fleuve Halys, dont les
ondes servaient de barrière à son empire, et
attaqua l'armée que ce Prince avait conduite à sa rencontre. Après un premier combat dont le succès fut incertain , la bataille
de Thymbrée décida du sort des deux mo-
narchies : Crésus fut vaincu. Les Perses ,
armés de fer, battirent les Lydiens , pour
qui l'or ne fut qu'un faible secours. Ainsi,
suivant l'expression de l'oracle , un grand
empire fut renversé ; mais cet empire fut
celui de Crésus, ce que ce Monarque n'a-
vait eu garde de prévoir.

Suivant le calculs des historiens , l'armée
de Crésus etait composée de quatre cent-

vingt mille hommes, dont soixante mille de cavalerie ; ces troupes venaient en partie de Babylone, de l'Egypte, des bords de l'Hellespont, de la Phénicie et de la Grèce. Il s'en fallait de beaucoup que l'armée de Cyrus fut aussi considérable ; elle ne s'élevait pas à cent mille hommes ; mais les guerriers dont elle était composée, accoutumés à vaincre, suppléaient au nombre par la valeur.

La bataille de Thymbrée, qui fait époque dans les annales des nations, fut donnée l'an 1632 de la fondation de Babylone, c'est-à-dire 2348 ans avant l'époque où nous sommes.

Crésus, après la perte de cette bataille, courut s'enfermer dans Sardes ; et là, rassemblant les débris de son armée, résolut de se défendre jusqu'à l'extrémité. La ville, entourée de hauts remparts et de larges fossés, pouvait tenir long-tems et lasser la constance des Perses ; mais un stratagême, imaginé par Œnarès, l'un des officiers de Cyrus, accéléra la ruine de ce dernier asile du Monarque Lydien. On dit que des Fantômes de soldats, façonnés en osier et couverts d'armes et d'habits persans , ayant été élevés pendant la nuit , au moyen de perches d'une grande hauteur , sur le rempart de la ville, inspirèrent une telle frayeur aux soldats qui gardaient les portes de Sardes , que ceux-ci les ouvrirent et se rendirent à Cyrus.

Les Persans , maîtres de la capitale d'un empire si fameux par ses richesses , s'y portèrent d'abord à tous les excès qu'autorise la victoire ; ivres de sang et de pillage , ils s'y répandirent le fer et la flamme à la main. Le malheureux Crésus , à la première nouvelle de ce désastre , sort de son Palais et cherche un asile dans le temple d'Apollon ; de deux fils, dont il avait été père , un seul lui restait ; l'autre , vainement averti par les oracles et les songes prophétiques , était mort à la chasse , percé d'un javelot lancé au hasard par un Prince réfugié à la cour de Lydie ; ce seul fils , qui maintenant suivait les pas du roi, était muet de naissance. Cet enfant, voyant un corps de Perses fondre sur eux, et un soldat, qui , sans connaître Crésus , allait le frapper par derrière d'un coup de cimetère , éprouva une commotion

si violente, le péril où se trouvait engagé
ce qu'il avait de plus cher au monde,
donna tout-à-coup un tel ressort aux forces
de la nature, que les liens qui enchaînaient
sa langue se brisèrent, et il s'écria : Soldat !
épargne le roi.

Crésus, arraché au trépas par une sorte
de miracle, fut conduit à son vainqueur,
qui, d'abord, n'écoutant qu'une politique
inhumaine et farouche, ordonna qu'on le
conduisît au supplice avec quatorze enfans
des principaux seigneurs de la Lydie.

L'infortuné monarque, enchaîné sur le
bûcher fatal dont les flammes doivent anéantir
sa gloire et son existence, voit son fils
égorgé, et sa femme, que le désespoir précipite du haut de son palais, brisée sur le
pavé couvert du sang de son fils : alors il
se rappelle le discours de Solon, et prononce le nom du sage Athénien dans les
angoisses de sa douleur.

Cyrus, curieux de connaître quel Dieu
ou quel héros Crésus appelle à son secours,
apprend avec étonnement l'entretien qui
cause les regrets de sa victime; alors touché
de l'infortune de ce roi naguères si puissant,

et faisant de tristes réflexions sur l'instabi-
lité des choses humaines, il commande qu'on
éteigne le feu prêt à le dévorer. Malheureusement les appuis du bûcher était déjà brisés, et l'incendie gagnait de toutes parts,
nul n'osait s'exposer à l'arrêter, lorsque le
ciel, se couvrant tout-à-coup de nuages,
favorise leurs efforts et verse une pluie
bienfaisante, dont les torrens épaissis inon-
dent le bûcher et sauvent le Monarque.

Crésus ne fut point ingrat envers Cyrus ;
appelé auprès de sa personne, il lui donna
des conseils, qui, en l'empêchant d'abuser
de sa victoire, servirent à assurer son
triomphe. Cyrus, toujours plus favorable
et rougissant peut-être intérieurement des
excès où l'avait entraîné l'impétuosité de
son caractère, lui offrit pour apanage une
ville peu éloignée d'Ecbatane, avec un corps
nombreux de soldats pour sa garde.

Le premier usage que Crésus fit de sa liberté,
fut d'envoyer à Delphes les fers dont il
avait été chargé, avec une lettre où il se
répandait en reproches amers contre la perfidie du Dieu et l'avidité de ses pontifes.
La Pythie, loin d'être confondue à la vue

des chaînes du Prince détrôné , répondit
que le destin avait marqué l'instant de la
chûte de l'empire Lydien , et qu'il n'était
pas au pouvoir des Dieux d'éluder ses
décrets. « Crésus , dit-elle , porte , dans la
» cinquième génération, la peine due à un
» de ses ancêtres qui usurpa le trône sur
» l'un des Héraclides. Le Dieu de Delphes ,
» en reculant de trois ans la prise de Sar-
» des , et éteignant miraculeusement la flamme
» prête à consumer son monarque, a récom-
» pensé la confiance de ce Prince. Quant à
» ses oracles , ils sont à l'abri de toute
» atteinte.

» Il a dit « : Si Crésus passe le fleuve Ha-
» lys , un grand empire sera renversé ». L'é-
» vénement a vérifié cette prophétie ; car il
» s'agissait du renversement de l'empire de
» Lydie , et Crésus aurait dû le penser.

» Il a dit encore « : Crésus jouira du pou-
» voir suprême jusqu'à ce qu'un mulet
» occupe le trône de la Médie » : or , cette
» expression figurée a visiblement rapport
» à Cyrus , qui tenant aux Mèdes par sa
» mère et aux Perses par son père , par-
» ticipe à deux natures.

» Enfin, Crésus a tort de se plaindre;
» il ne doit accuser que lui de son sort,
» et ses malheurs ne servent qu'à justifier
» le courroux et la vengeance des Dieux ».

Crésus aurait bien pu répondre à ces so-
phismes théologiques, mais à quoi cela eût-il
servi ?

Au reste, quelques Peuples alliés de la
Lydie, comme les Ioniens et les Eoliens,
qui avaient d'abord refusé de recevoir les
ambassadeurs de Cyrus, apprenant la chûte
de Sardes, et craignant que le héros Perse
ne pénétrât jusques dans leur pays, l'envoyèrent solliciter de les recevoir sous sa
protection; le conquérant, après avoir écouté
silencieusement leurs harangues, répondit
à la manière d'Esope, par une apologue qui
nous a été conservée (a).

« Un joueur de flûte, voyant du haut
» d'un rocher où il était assis, une foule
» de poissons se jouer sur le cristal des
» ondes, crut les attirer à lui par les char-
» mes de la musique; il prit son instrument,

_____

(a) Hérodote, liv. I.

» et l'animant d'un souffle léger, fit reten-
» tir les échos de ses accens mélodieux,
» mais sans aucun succès. Frustré dans son
» attente, il jeta sa flûte, et saisissant son
» filet, s'en servit avec tant d'adresse qu'il
» le retira bientôt sur le rivage chargé de
» ces poissons insensibles : et comme il les
» vit frétiller sur le sable humide, cessez,
» leur dit-il, cessez de sauter près de moi;
» c'était au son de ma flûte qu'il fallait
» vous livrer à ces transports ; maintenant
» que, grace à mon filet, vous êtes à
» moi, je ne vous dois rien ».

Le sens de cet apologue était trop clair
pour échapper à la sagacité des envoyés ;
la Grèce, justement alarmée, songea aux
moyen de défendre son indépendance me-
nacée, et forma une ligue pour arrêter les
pas du conquérant. Heureusement pour elle,
Cyrus encore occupé en Asie, remit à
d'autre tems le projet de passer en Europe.

UNE puissance altière, dont le nom seul
imprimait le respect, Babylone, élevait encore en Asie une tête orgueilleuse ; malgré

la conquête d'Arbace et l'élévation de l'empire des Mèdes sur celui des Assyriens, la
ville de Sémiramis avait toujours conservé
cette influence que donnent, parmi les nations, l'opulence et les arts. Le Mage Bélésis, qui, comme nous l'avons vu, avait
reçu cette ville, en récompense de ses
services, (a) ne tarda pas à la rendre in-
dépendante d'Ecbatane; il parvint, à force
d'adresse, à faire d'une simple satrapie un
véritable empire, et à se dispenser peu-à-
peu des tributs auxquels il avait été assu-
jetti. Les successeurs de Bélésis, héritiers de
sa politique, suivirent constamment la même
route, et n'ayant à lutter que contre des
monarque faibles ou fainéans, consolidèrent
de plus en plus leur autorité. Ils prirent
hardiment le titre de roi de Babylone, se
contentant, par un reste d'égard, de donner au souverain d'Ecbatane le nom pompeux et vain de roi des rois. Ce n'est pas
que les successeurs d'Arbace ne se souvinssent
quelquefois que l'Assyrie était un démembrement de leur couronne, et qu'ils ne

(a) Lettre XLVII.

fissent de tems en tems quelques actes de vigueur pour prouver qu'ils la regardaient toujours comme relevant de leur empire ; mais, ou les rois de Babylone feignaient de céder, et désarmaient les Mèdes par quelques frivoles soumissions, ou ils se défendaient, et alors chaque succès élevait leur trône d'un dégré de plus et fournissait un nouvel appui à leur puissance.

Depuis Bélésis jusqu'à Nabonide, autrement nommé Labyneth, dernier roi de Babylone, les chronologistes comptent dixneuf ou vingt rois, parmi lesquels deux ou trois, tout au plus, méritent de fixer nos regards.

Tu te rappeles, ma chère Sophie, ce que je t'ai dit du règne de Bélésis ; on ignore si ce Mage couronné laissa des enfans, ou si un étranger, désigné par le choix de l'empereur Mède, vint remplir sa place. Quoiqu'il en soit nous savons par la suite des calculs astronomiques, que nous a transmis Ptolomée, qu'un certain Nabonassar régnait dans Babylone, il y a 2548 ans. On croit communément que ce Nabonassar succéda à Bélésis.

Après Nabonassar, trois ou quatre rois sans physionomie, paraissent dans la liste des rois d'Assyrie.

Mardokempad, qui les suit, n'est connu que par l'acte de politesse qu'il fit envers Ezéchias, (a) il envoya, dit-on, jusqu'à Jérusalem pour avoir des nouvelles de la santé de ce Prince : ce qui était assurément fort honnête.

Quatre rois lui succèdent et passent comme l'ombre. Yéraëdin, nommé Assarhadon par les Hébreux, paraît ensuite ; il fait sortir un instant la maison de Bélésis de sa longue léthargie, il s'arme contre les Juifs, bat leur roi Manassé et le conduit avec tout son Peuple, captif dans la Chaldée. Heureusement la générosité trouve place dans l'ame de ce conquérant ; il brise les fers de Manassé, et lui permet de retourner régner en Judée.

Saosduchin et Chyniladan succèdent à

(a) La bible nomme ce Prince Mérodac. *Livre des rois.* chap. 20. v. 12.

2   22

Yéraëdin. Ce dernier, après un règne de quatorze ans, est détrôné par Nabopolassar, le capitaine de sa garde.

Nabuchodonosor, dont le nom est devenu si célèbre, était fils de ce Nabopolassar. D'abord, associé au trône de son père, ce Prince fit connaître que son règne serait marqué par de brillans exploits ; et en effet, à peine fut-il maître absolu du sceptre Assyrien, qu'à la tête d'une armée nombreuse, il marcha contre le Pharaon Néchao, qui avait cru pouvoir profiter de sa jeunesse pour envahir ses états, et le battit ; il pénétra ensuite dans la Syrie, ravagea la Palestine et la Judée, (*a*) fit prisonnier le roi des Juifs et pilla le temple de Jérusalem, dont il transporta tous les trésors dans la tour de Bélus.

Non content de ce succès, le roi de Babylone s'empara, dit-on, de Tyr, rendit l'Egypte et l'Ethyopie tributaires, et traversant l'Afrique à pas de conquérant,

----

(*a*) *Livre des rois*, liv. IV. chap. 24 et 25.

parvint jusqu'aux colonnes d'Hercule , (a)
afin de donner un rival à ce héros.

De retour à Babylone, il se ligua avec
Cyaxare roi des Mèdes , et favorisa la chûte
de Sarac et la ruine de Ninive. Ce dernier
exploit , dont il ne calcula que trop tard
les fatales conséquences , ne fit que hâter
la chûte de son empire en rompant l'é-
quilibre politique de l'Orient. On assure
que Nabuchodonosor , profondément frappé
de cette vérité , et pressentant l'influence que
les Perses allaient prendre en Asie , monta
quelques instans avant sa mort sur la terrasse de son Palais , et fit entendre ces paroles prophétiques :

« C'en est fait , ô Babylone ! ton règne
» est passé. Tes Dieux impuissans ne peu-
» vent détourner l'orage qui te menace.
» Je vois la Perse jalouse lever une tête
» audacieuse et vomir un monstre terrible, (b)
» qui s'avance , précédé de l'épouvante

(a) Eusèbe. *Prép. Evan.* liv. IX.

(b) Un mulet. Mégasthène dans Eusèbe. *Prep.
Evan.* liv. IX.

22 *

» et suivi de la destruction. Tu tombes ;
» ô Babylone ! lorsque le Mède trahit la
» foi de ses sermens ; et moi je meurs le
» cœur déchiré de cet avenir funeste ».

La prédiction de ce Prince ne tarda pas
à s'accomplir. Son fils , misérablement assassiné par Neriglissar , le mari de sa sœur,
ne fit que paraître sur le trône. L'usurpateur , lui-même attaqué par l'armée des
Mèdes et des Perses réunis , périt sur le
champ de bataille.

Un roi ou deux se montrèrent à Babylone. Nabonide , ainsi que je l'ai dit , fut
le dernier. Ce Prince, qui seul n'eût pas
retardé d'un jour la chûte de son empire,
avait pour mère une femme à grand caractère , semblable à Sémiramis pour le
génie , et pour le respect qu'elle inspirait aux Assyriens ; il se reposa sur elle
du soin de régner , et pendant qu'elle vécut , Cyrus n'osa pas hasarder sa renommée
en l'attaquant.

Cette femme extraordinaire , nommée
Nitocris , prit toutes les précautions que
lui suggéra sa prudence ; elle répara les
fortifications de la ville ; fit construire

un nouveau rempart du côté de l'Euphrate, et parvint à relever l'esprit abattu de ses soldats. Malheureusement sa mort qui arriva trop tôt pour la gloire de son fils, livra le vaisseau de l'état aux assauts des orages prêts à l'engloutir.

LETTRE LXI.

Prise de Babylone par Cyrus. Fin du règne de ce conquérant.

ENFIN, ma chère Sophie, le moment était venu où la métropole de l'Orient devait tomber sous les efforts de Cyrus : cette ville superbe, dont Bélus et Sémiramis avaient jeté les fondemens, et qui durant dix-sept siècles avait été le séjour de plus de soixante Monarques qui l'avaient tour-à-tour embellie, allait disparaître du rang des capitales du Monde : tant il est vrai que l'homme ne saurait imprimer à ses ouvrages une empreinte durable, et que tout ce qui sort de ses mains doit passer comme lui.

CYRUS, la terreur de l'Asie, s'était préparé, par vingt ans de triomphes, à la conquête de Babylone. Lorsqu'il vit que l'ame de Nitocris ne veillait plus à la conservation de cet empire, et que la mort de cette héroïne laissait sans gouvernail le vaisseau de l'état, il partit d'Ecbatane à la tête des compagnons de ses travaux, et vint mettre le siége devant Babylone.

Ce siége, malgré la valeur des Perses, eût été peut-être aussi long que le siége de Troye, car la faible tactique de ces tems reculés était vaine contre la force des remparts, dont la ville était entourée ; et les assiégés pourvus de vivres pour vingt ans, persuadés que toute l'industrie humaine ne pouvait ni les prendre d'assaut, ni les réduire à la famine, insultaient leurs ennemis du haut de leurs tours ; mais Cyrus, auquel l'expérience des siècles n'avait point appris la science de nos modernes Vaubans, avait reçu de la nature ce génie vaste, ardent, impétueux, qui commande la fortune et fait fléchir les obstacles, ce génie que déployèrent depuis, Alexandre, Annibal, César, et plus qu'eux tous ensemble, Notre Bonaparte, lorsque les Alpes, courbant deux fois leurs têtes devant ses pas triomphans, livrèrent passage à nos légions.

Cyrus, avide de gloire, et voyant que le siége de Babylone usurpait un tems pré-

cieux, imagina d'ôter à la ville ce qui
faisait sa principale force, son fleuve, et de
le contraindre à trahir le Peuple qu'il devait défendre; il fit construire du côté du
nord un vaste canal, séparé de l'Euphrate
par une simple chaussée; ce canal était
destiné à recevoir les ondes du fleuve avant
qu'elles entrassent dans Babylone, et à les
épancher toutes dans un lac voisin. Les
Assyriens, ignorant ce stratagême et tranquilles sur leur sort, se livraient, au milieu de la guerre, à tous les plaisirs de la
paix; une nuit qu'ils avaient célébré une fête
solemnelle en l'honneur de Bélus, et qu'a-
près s'être abandonnés à toutes les débau-
ches qui en étaient la suite, ils dormaient
d'un profond sommeil, Cyrus fit rompre
la chaussée qui séparait le fleuve du canal
et posta deux corps de troupes, l'un au-
dessus et l'autre au-dessous de la ville, avec
ordre d'entrer dans le lit de l'Euphrate à
l'instant où ses flots, détournés de leur
route ordinaire, le laisseraient à sec.

Les Perses exécutèrent fidèlement les
ordres de leur roi, ils s'emparèrent vers le
milieu de la nuit de la place que le fleuve

venait d'abandonner, et leurs cohortes roulant comme les vagues ténébreuses d'un torrent, entrèrent par les deux côtés opposés de la ville, s'avancèrent jusqu'aux portes d'airain qui fermaient les descentes du quai, et les ayant trouvées ouvertes par une suite des désordres occasionnés par la fête, en égorgèrent les gardes ivres ou endormis, inondèrent la ville, et pénétrèrent jusqu'au Palais qu'ils forcèrent.

Suivant la tradition la plus universellement reçue, Nabonide, éveillé au moment où les Perses brisaient les portes de son Palais, accourut au tumulte, défendit long-temps, l'épée à la main, sa vie, ses femmes et ses trésors, et mourut dans le combat ; suivant le récit de quelques écrivains moins connus, ce Prince, profitant du souterrain qui unissait les deux Palais, trouva moyen de se sauver et se retira avec quelques troupes dans une forteresse, où Cyrus étant venu l'assiéger, il obtint une capitulation honorable et alla finir ses jours au fond d'une province de Perse, avec le titre et les honneurs d'un Satrape.

La prise de Babylone porta à la monar-

chie des Assyriens un coup dont elle ne
se releva plus. Ce grand événement qui fit
passer entre les mains de Cyrus le sceptre
et l'héritage entier de Sémiramis., arriva l'an
1692 de la fondation de Babylone, il y a
précisément 2338 ans.

AINSI finit cet empire dont l'origine perdue dans la nuit des tems semblait se
confondre avec celle du globe : Cyrus qui
mit un terme à sa durée, fonda sur ses
débris la monarchie des Perses et communiqua à son ouvrage plus de grandeur et
d'éclat que de véritable solidité.

Il paraît, au reste, que ce Prince, mûri
par l'âge et la réflexion, permit enfin aux
germes des vertus qu'il avait reçu dans
son enfance, de se développer dans son
ame, et suivit moins les impulsions de son
caractère irascible et les conseils de son
orgueil; il n'est pas douteux qu'il ne rougit alors des excès où il s'était laissé em-
porter envers Astyage et Crésus, et qu'il
ne tâchat de faire oublier par une conduite
plus juste, les chaînes de l'un et le bûcher
de l'autre. Maître de Babylone, il n'abusa

point de sa victoire ; il retint l'avidité des vainqueurs, protégea la faiblesse des vaincus, fit respecter les monumens des arts dont cette ville était remplie, et se contenta d'y établir un gouverneur Perse ; si l'infortuné Nabonide ne périt point dans les combats, il tâcha d'adoucir les rigueurs de son sort en lui laissant un rang honorable ; enfin, trouvant dans l'Assyrie un Peuple entier, gémissant, depuis soixante et dix années, dans les fers de l'esclavage, il lui rendit sa liberté, et lui permit de retourner dans sa patrie pour y relever le temple du Dieu de ses pères. Ce peuple était le peuple juif. Le sage Daniel, l'un de ses pontifes, mérita la confiance du roi, en ouvrant à ses yeux les livres sacrés et lui faisant voir, dans les révélations d'Isaïe, que cent-cinquante ans avant sa naissance, le Prophète l'avait appelé par son nom et l'avait désigné pour être le conquérant de l'Asie et le libérateur des Hébreux.

Cyrus, voyant dans ses conquêtes l'accomplissement de la prophétie, y mit le sceau par cet édit mémorable (a).

_____

(a) *Esdras*, traduit sur le texte original, Bruxelles 1757, chap. I. v. 2 3 et 4.

« Le seigneur, le Dieu du ciel, m'a donné
» tous les royaumes de la terre; il m'a
» commandé de lui bâtir une maison dans
» la ville de Jérusalem, qui est en Judée.

» Qui d'entre vous est son Peuple? Que
» Dieu soit avec lui : allez à Jérusalem et
» rebâtissez la maison du Dieu d'Israël ; car
» ce Dieu de Jérusalem est DIEU ».

Les Juifs, grâce à la générosité de Cyrus,
eurent encore de l'or, de l'argent, des
matériaux et des bêtes de transport pour
les aider à relever les murs du temple de
Salomon.

JE te raconterai, dans un autre tems, l'histoire de ce Peuple fameux, et j'espère, ma
chère Sophie, te la raconter, sinon d'une manière éloquente, du moins d'une manière intéressante et neuve. Tous ceux qui l'ont écrite
jusqu'ici, divisés d'opinions et suivant des
routes opposées, se sont perdus dans les
nues ou traînés dans la fange, je tâcherai
d'éviter l'enthousiasme des uns et la haine
des autres; je suivrai les sentiers de la raison, et sans dépouiller les annales juives du
merveilleux qui en fait le charme, j'en pré-
senterai les événemens divers à ta sensibilité

sans rien exiger de ta foi. Mais le projet
d'écrire cette histoire, qui se lie à celle des
Egyptiens, exige des loisirs qui me man-
quent en ce moment ; je vais être forcé
d'interrompre pour quelques mois cette cor-
respondance historique. Cependant je te promets de la reprendre, si toujours indulgente,
tu me témoignes le desir de continuer à
suivre avec moi cette carrière, dont nous
avons surmonté ensemble les premières difficultés.

Alors je déroulerai à tes regards, avec
les annales des Egyptiens, celles des Hébreux ; je te montrerai Tyr et Sidon, si
célèbres dans les fastes des Peuples commerçans : les Phéniciens nous conduirons en
Grèce ; je parcourerai avec toi ce pays en-
chanté où les Grâces avaient des autels, où
les Dieux, souverains de l'Olympe, trouvaient un Homère pour les peindre à l'imagination, et un Phidias pour les retracer aux
sens et les présenter à l'adoration des Peuples ;
après nous être égarés encore une fois dans
les tems héroïques et fabuleux, nous re-
viendrons aux siècles historiques et nous nous y
arréterons : nous verrons les successeurs de

Cyrus, ces Monarques insensés, battus d'a-
bord par une poignée de héros, tomber
enfin sous les coups des Grecs et céder au
génie d'Alexandre. L'histoire de la Grèce
nous conduira sans efforts à celle de Carthage, et celle de Carthage à celle de Rome :
là, nous suivrons dans ses développemens
moraux et politiques, ce Peuple guerrier,
qui, sortant du plus humble berceau, s'é-
lève rapidement, s'aggrandit des Peuples
qu'il dévore, marche de conquête en conquête, étend ses bras dominateurs d'un
empire à l'autre, et finit par embrasser la
terre entière.

Voilà, Sophie, ce que j'entreprendrai si
le sort, lassé de me poursuivre, m'accorde
enfin, avec la tranquillité nécessaire à la
culture des arts, des loisirs que je puisse te
consacrer.

Mais avant de clore cette lettres, et de
mettre un terme à cette partie de ma cor-
respondance, je dois conduire jusqu'au tombeau ce Cyrus que je viens d'oublier au
milieu de ses succès.

LA mort de ce conquérant est racontée de

trois manières différentes : Hérodote dit qu'a-
près la chûte de Babylone, Cyrus, marchant
à de nouvelles conquêtes, instruit que la
reine Thomyris commandait à une nation
nombreuse et guerrière, prétendit à sa main.
Sans doute, en formant cette demande, le roi
des Perses était plus amoureux de la puissance
de la reine que de sa beauté ; Thomyris, quoique Scythe et sauvage, le comprit et rejetta
ses vœux ; alors Cyrus passa l'Araxe et
marcha contre elle à la tête de son armée.

Thomyris rassembla en hâte les Massagetes
et vint à sa rencontre. D'abord elle fut défaite ; et son fils, Spargapyse, fait prisonnier
et conduit dans le camp de Cyrus, se
donna la mort ; mais ce revers ayant irrité
son courage, elle engagea un nouveau combat dans lequel le vainqueur lui-même fut
tué. Thomyris, maîtresse du cadavre de
ce prince, lui fit, dit-on, couper la tête,
et la plongeant dans une outre pleine de
sang humain, insulta à son malheur en lui
disant : rassasie-toi de ce sang, barbare ;
étanche ta soif et cesse d'en répandre.

Selon Xénophon, Cyrus, averti par les
Dieux que sa mort approchait, partagea

son empire entre ses deux fils Cambyse et Tanyoxarce, et mourut paisiblement entre leurs bras.

Enfin, voici ce qui paraît plus certain : Cyrus avide de combats et dominé par l'ambition de remplir le titre qu'il se donnait de roi des rois et de maître du monde, attaqua jusques dans leurs roches inaccessibles, les Derbices, peuple féroce, voisin de l'Hyrcanie. Les Indiens craignant, avec juste raison, que le conquérant ne s'élançât sur eux après avoir dévoré cette proie, envoyèrent aux Derbices un renfort d'éléphans qui décida la victoire en leur faveur. Malgré tous ses efforts pour rallier ses troupes épouvantées, Cyrus blessé à la cuisse d'un coup de javelot fut porté mourant dans sa tente. C'est là que rassemblant ses enfans, et les grands de sa Cour, il fit en présence de ses Satrapes, le partage de ses états. Il désigna Cambyse, son fils aîné, pour lui succéder au trône de Perse, et donna à Tanyoxarce, la Coromanie, la Parthiene et la Bactriane pour appanage. Spitace et Mégaberne, enfans d'Amytis et descendans des rois Mèdes, eurent chacun

une riche satrapie ; il leur recommanda de
vivre en bonne intelligence , et après avoir
adressé à Orosmade des vœux pour la prospérité de sa maison , il expira le troisième
jour de sa blessure.

Ainsi mourut Cyrus , après un règne de
trente ans , au milieu du rêve brillant de
la conquête du monde. Les historiens qui
se sont occupés de ce Prince , divisés d'o-
pinion , ont parlé diversement de sa gloire:
les uns , enthousiastes de ses vertus , les
ont élevées jusqu'aux nues ; les autres , exa-
gérateurs de ses fautes , ont précipité dans
la fange la statue de ce conquérant. Ce qui
a paru autoriser l'audace de ces derniers ,
c'est le silence profond que l'Orient a gardé
sur Cyrus ; mais ce nuage a besoin d'être
dissipé.

D'abord ce que nous avons des Orientaux sur l'ancienne Perse n'est qu'une histoire incertaine et mutilée ; le nom de Cyrus
a été certainement changé par les Grecs ; et
s'il est vrai que ce fût primitivement celui
de Cosrou , on trouve fréquemment ce
dernier nom cité dans les annales de l'O-
rient ; d'ailleurs le livre sacré des Hébreux.

parle de Cyrus dans le sens de Xénophon.

Il est possible que le caractère impétueux de ce Prince, l'orgueil que lui inspirèrent ses premiers succès, l'inexpérience et la coutume barbare de ces tems reculés de sacrifier toujours le vaincu à la sûreté du vainqueur, lui aient fait commettre bien des fautes et l'aient entraîné dans des excès dignes du blâme de la postérité ; mais, en considérant l'élan généreux qui le porta, malgré tous les obstacles, à briser le joug de sa patrie et à lui donner un rang qu'elle avait perdu ; en se rappelant le vaste génie qu'il avait reçu de la nature, les talens militaires et la politique profonde qu'il possédait ; en pensant enfin au bonheur qu'il eut de se faire l'arbitre de la plus belle partie du Monde, on ne peut nier que ce héros ne méritât sa gloire et n'eût de droits à la célébrité qu'il s'est acquise dans tous les siècles.

Fin de la seconde partie.

NOTES

De la seconde Partie des Lettres à Sophie sur l'Histoire.

(1) CE tableau ne paraîtra point exagéré, si l'on se rappelle ce qui a été dit touchant la puissance et le luxe des Atlantes, et si l'on réfléchit que tout ce qui les environnait devait porter, jusqu'à un certain point, l'empreinte de leur grandeur.

(2) Voici les propres paroles de Diodore, liv. 3. parag. 2 : « L'Égypte, suivant une ancienne tra-
» dition, n'était au commencement qu'une mer ;
» mais le Nil, entraînant beaucoup de limon de l'E-
» thyopie, le terrein s'exhaussa et devint un conti-
» nent ».

(3) On dirait que ces institutions sanguinaires eussent servi de modèle à celles que Lycurgue donna dans la suite à Lacédémone Il est bien étonnant de trouver ces lois cruelles chez un Peuple qui, n'ayant point d'ennemis à combattre, n'avait pas besoin, comme les Spartiates, de contrarier la nature.

(4) Quinte-Curce parle d'un autre Peuple de

femmes guerrières qui habitaient les confins de l'Hir-
canie , et dont la belle Thalestris était reine ; il
rapporte, dans son roman historique , que cette
fière beauté vint solliciter Alexandre de la rendre
mère. Au reste, l'Amérique a eu aussi ses Amazones , suivant ce que rapporte la Condamine, dans
son voyage à la rivière des Amazones , page 109.

(5) On ne doit point s'attendre à trouver ici une
géographie très-étendue de l'Assyrie : je n'aurais
pu le faire sans grossir mes lettres de détails fastidieux , et sans m'appésantir sur des objets , dont
mon but était, au contraire, d'épargner le dégout
et l'aridité. Il n'est pas question de faire des sa-
vantes , mais des personnes à qui l'instruction ne
soit pas étrangère ; je cherche à jeter quelques
fleurs dans les sentiers de la science, il faut donc
en écarter toutes les ronces qui pourraient les
étouffer.

S'il se trouve parmi mes lecteurs, quelques personnes qui desirent acquérir des connaissances plus
exactes , elles pourront consulter la géographie ancienne de Danville.

(6) Voici les noms de ces rois que Berose fait
régner un si long espace de tems :

ALOROS , suivant cet historien ,
   régna . . . . . 10 sares ou 26,000 ans.
ALASPAROS. . . . . 3 . . . 10,800
AMELON . . . . . 13 . . . 46,800
AMENON, ... 12 . . . 43,200
METALAROS. . . . 18 . . 64,800

Règnes de l'autre part . . . 191,600 *ans.*		
DAONOS	10 *sares* ou	36,000 ans.
EVEDORACHOS. .	18	64,800
AMPHIS	10	36,000
ORTLATES . . .	8	28,800
XIXOUTHROS. . .	18	64,800

Total des règnes . . 120 *sares* ou 432,000 ans.

En réduisant, suivant mon hypothèse, ces 432,000 ans en 432,000 jours, on trouve un laps de tems de 12 siècles entre Aloros et Xixouthros, roi antédiluvien de l'Assyrie.

(7) Les chronologistes les plus célèbres, tel qu'Eusèbe et le Syncelle, placent deux dynasties de souverains entre Xixouthros et Bélus.

Un certain Evechous, que l'on a confondu quelquefois avec Nimrod, passe pour avoir été la tyge de la première ; elle gouverna la Chaldée pendant 225 ans, et jusqu'au moment où l'arabe Mardokempad en fit la conquête. Cette seconde dynastie régna pendant 215 ans.

Voici le nom de ces rois, avec la durée de leurs règnes ; c'est à peu près tout ce qu'on sait d'eux.

EVECHOUS, fondateur de la première dynastie, régna	7 ans.
CHAMOSBEL.	7
POUR	25

Les savans se divisent sur la signification de ce nom : les uns veulent qu'il signifie D I E U, et les autres

âne sauvage ; on ne pouvait pas différer davantage. !

Règnes de l'autre part	39 ans.
NÉCHABÉS, régna	43
ABIOS	48
OAN-BAL.	40
ZINZIROS ou Chanzar	45
Total des règnes	215 ans.
MARDOKEMPAD, fondateur de la seconde dynastie, régna	45
Son successeur, dont on ignore le nom, régna	40
SISIMORDAC . . . . •	28
NABIOS	37
POUR-NABO	40
NABO-NABOS , ...	25
Total des règnes	215 ans.

On ne sait point de qu'elle manière Bélus succéda à ce Nabo-Nabos.

(8) Callisthènes, l'un des savans qui suivirent
Alexandre dans son expédition contre les Perses,
envoya, de Babylone, à Aristote, un recueil d'observations astronomiques, qui remontait à 1,903 ans.
En calculant le tems qui s'est écoulé depuis la conquête d'Alexandre, jusqu'à cette année 1801 de l'ère
chrétienne, on trouve . 2,127 ans,
qui joints aux . . . . . 1,903 de l'ère de Callisthènes,
font un total de . . . 4,030 ans.

Il est plus que probable que le philosophe grec, en composant ce recueil, dut le faire commencer par quelque événement mémorable pour la ville au milieu de laquelle il écrivait ; et sans doute, en partant de ce principe, il ne pouvait trouver d'époque plus digne de mémoire que la naissance de Bélus, fondateur de Babylone : nous pouvons donc, avec quelque assurance, fixer à Bélus l'origine de l'ère de Callisthènes, et compter depuis ce Monarque jusqu'à nous, un intervalle de 4,030 années.

On a fait sur les Assyriens, comme sur tous les autres Peuples célèbres, cent systèmes chronologiques tous co   adictoires, tous opposés les uns aux autres : je n'ai pas jugé à propos d'ajouter à cette masse de calculs fastidieux : j'ai adopté celui qui m'a paru le plus simple pour le fond et le plus satisfaisant pour les résultats : c'est celui que Delile de Sales a employé dans son histoire des hommes.

Voici le texte précieux sur lequel ce système est basé, tel qu'il est rapporté dans Velleius Paterculus, liv. I. chap. 6.

« Émilius Sura, en traitant des annales du Peuple
» Romain, dit expressément que les Assyriens furent
» le premier des Peuples qui dominèrent sur la
» terre : qu'aux Assyriens succédèrent les Mèdes,
» aux Mèdes les Perses, aux Perses les Macédo-
» niens ; et qu'enfin, un peu après la ruine de
» Carthage, lorsque les derniers rejettons des rois
» de Macédoine, Philippe et Antiochus, furent

» vaincus, Rome resta seule en possession de l'empire
» du Monde : entre cette dernière époque, continue
» cet historien, et le commencement du règne de
» Ninus, on compte 1,995 ans ».

Voilà donc, depuis Ninus jusqu'à la chûte de
Carthage un intervalle de tems bien
fixé de   1,995   ans.

Carthage fut détruite, suivant les
meilleurs témoignages, 146 ans avant
notre ère vulgaire, et Philippe de
Macédoine fut vaincu 4 ans après ;
ces 4 ans, qu'il faut distraire pour
avoir l'époque fixé par Emilius Sura,
donnent, avant Jésus-Christ   142   ans.
Ajoutons maintenant, de Jésus-
Christ à nous   1,801
                                         _____
Nous obtenons un total de   3,938   ans.

Ninus a donc commencé à régner précisément 3,938 ans avant l'é-
poque où je fais ce calcul.

Il ne reste plus pour atteindre
la naissance de Bélus, qu'à ajouter
92 ans pour la vie entière de ce
Monarque, et nous aurons justement
les 4,030 années que nous avons
comptées suivant . . . de Callisthènes : ci   92
                                         _____
Total, depuis Bélus jusqu'à nous . .   4,030   ans.

Je diviserai plus loin cet essai chronologique ; il
me suffit maintenant d'en avoir indiqué la masse.

(9) Je me suis rappelé ces vers du Tasse :

» Così. . . . . porgiamo aspersi

» di soavi licor li orli del vaso (*) ».

et j'ai tâché de mettre à profit le précepte qu'ils renferment. Au reste, j'ai indiqué les sources où j'avais puisé ; ce sont Hérodote, Justin, Vallère-Maxime, Strabon et Suidas, mais sur-tout Diodore.

(10) Dercéto était représentée moitié femme et moitié poisson : les Syriens rendaient ainsi compte de cette forme bizarre. « Vénus, disaient-ils, irritée » contre cette Nymphe, lui inspira un amour effréné » pour un jeune sacrificateur. Dercéto chercha à sa-» tisfaire sa passion ; mais elle conçut ensuite une » si grande honte de sa faiblesse, qu'ayant donné lo » jour à une fille, elle l'exposa dans un lieu désert, » et se jeta elle-même dans le lac d'Ascalon, » où elle subit sa métamorphose. *Voyez* Diodore, » liv.2 ».

(11) J'ai suivi pour la description de Babylone tantôt Diodore, tantôt Hérodote, suivant que l'un ou l'autre m'a paru approcher le plus de la vraissemblance.

Babylone, suivant les meilleurs géographes, était éloignée de 412 milles du Golfe Persique ; elle était située au 32e. dégré, 28 m. de latitude.

Diodore lui donne 365 stades de tour, et Hérodote, 480 ; c'est-à-dire, à peu près 8 lieues suivant l'un, et 10 suivant l'autre. Mais il faut remarquer

(*) Ainsi on présente les bords du vase frottés d'une douce liqueur.

que les palais, les jardins, les temples, dont cette ville était remplie, absorbaient une quantité considérable de terrein ; que les rues étaient toutes très-larges, les bâtimens particuliers tous isolés, et qu'enfin, sous Alexandre même, la moitié de la ville était encore occupée par des terres labourées ; de manière que la grandeur de Babylone était plus en apparence qu'en réalité : ce qui a fait dire à Aristote que c'était moins une ville qu'un pays entier entouré de murailles.

(12) J'ai donné la liste des Monarques antérieurs à Bélus sans en garantir l'authenticité ; je vais donner de même celle des rois Assyriens depuis Bélus jusqu'à Beloch, dernier Prince de cette dynastie ; je suivrai l'ordre établi par le savant Jules Africain, et j'adopterai les corrections qu'y a faites Delile de Sales.

BÉLUS, fondateur de l'empire des Assyriens, régna	62 ans.
NINUS, son fils	52
SÉMIRAMIS	42
NINYAS, fils de Ninus	38
ARIOC	30
ARAL	40
XERXÈS ou Balaios	30
MAMITHROS ou Armamitrès . . .	37
BELOCH 1 ou Bilochos	35
BALACH ou Balaios II	52
ALTALLOS, Altallas, ou Sethos . . .	35

Règnes de l'autre part	653	ans.
MAMITHOS	3o	
MANCHALAIOS.	3o	
ITAPHEROS	20	
MAMITHROS II	35	
SPARAIOS.	4o	
ASCATAGOS	4o	
AMYNTÈS	5o	
ATTOSSAI, ou Sémiramis II	23	
BELOCH , dernier prince de la dynastie.	25	

746 ans.

Souvenons-nous que nous avons compté depuis la naissance de Bélus jusqu'à nous . . . 4,o3o ann. Otons maintenant de ce nombre, d'abord 3r ans pour l'âge de Bélus, et 746 pour la durée de sa dynastie, ce qui donne 777

Reste . . . . 3,253 ans.

Il résulte de ce calcul que la seconde époque de l'histoire d'Assyrie, c'est-à-dire, la révolution qui renversa du trône Beloch, dernier roi du sang de Bélus, tombe précisément 3,252 ans, avant nous.

La seule remarque un peu importante qu'il y ait à faire sur cette liste de noms stériles, c'est que l'un d'eux nommé Altallos, Altadas ou Sethos, a passé pour être Sésostris, ce fameux conquérant, qui, parti des rives du Nil, à la tête d'une armée formidable, vint à Asie conquérir Ninive et Babylone:

l'autorité dont on s'est servi pour appuyer cette conjecture , est un texte de Manéthon , rapporté par l'historien Josephe , où on lit que Sésostris subjugua l'Assyrie.

(13) Selon Pausanias , l'Assyrien fut le premier des Peuples qui dressa des autels à Vénus et lui rendit un hommage religieux. Outre le nom de Mylitta , on donnait à cette déesse celui de Succoth-Beneth : *tabernacles des Vierges.* Vossius croit que c'est du mot siriaque Beneth , qu'on a formé dans la suite , celui de Vénus ; en changeant B en V , et th en s : éthimologie qui n'a rien de trop forcé.

(14) C'est Hérodote qui nous a conservé cette coutume des Assyriens , et elle se trouve confirmée par une multitude d'autres auteurs. Le prophète Hébreux , Jérémie , y fait allusion dans ses plaintes contre Babylone.

Voltaire , le plus bel esprit et le génie le plus universel du siècle passé , a beaucoup plaisanté Hérodote sur cette coutume. J'avoue que Voltaire, en qualité de moraliste , avait raison ; mais, en qualité d'historien , il est douteux qu'Hérodote eût tort.

(15) Voici la liste que les chronologistes nous ont transmis , des Princes successeurs de Bélétaras :

BÉLÉTARAS , après avoir chassé du
trône Beloch , dernier Prince du
sang de Bélus , régna , ... 34 ans.

Règne de l'autre part . . . . 14 ans.

LAMPRIDES , son fils , régna . . . •   32

POSAROS ou Sosares . . . . . . •   20

LAMPAROS 3o

PANYAS , ou Pannios , surnommé

Zéos   45

SOSARMOS.   20

MITRAIOS   35

TAUTELOS , Tautamès ou Tau-

tanès   32

EUTAIOS ou Tentaios   11

ANEBOS. . . .)

BABIOS . . . . } régnèrent ensemble   84

CHALAOS. . . }

ANABELOS . .)

TAIRAIOS , ou Timaios , ou Thi-

netos   29

CERCILLOS ou Dercylos   40

EUPALOS, ou Eupalès , ou Eu-

pamès.   36

LAUSTHÉNÈS   45

PÉRITIADOS. 3o

OPHRATAIOS   20

OPHRATANÈS ou Ephechérès . . .   5o

ACRAZAPÈS   40

SARDANAPALE, ou Sardan-phul, ou

Tonos Concoleros   15

Total des règnes . . . . 648 ans.

Telle est la troisième époque de l'histoire d'Assyrie ; époque mémorable en ce qu'elle vit passer

aux Mèdes le pouvoir qu'avait jusqu'alors possédé les Assyriens.

Nous avons observé que de Bélus
  à Bélétaras , il s'était écoulé un
  intervalle de . . . .   777 ans.
Nous venons de compter depuis Bélétaras , jusqu'à Sardanapale , un
  autre intervalle de . . . .   648 ans.

Ce qui forme un total de . . . . . 1,425 ans.

Si nous ôtons ces 1,425 ans des 4,030 que nous avons admis depuis la naissance de Bélus , nous trouverons qu'il y a justement 2,605 ans que Sardanapale a été détrôné par Arbace.

Il y a deux remarques importantes à faire sur cette dernière liste : la première , c'est que , suivant le récit de Diodore , un Prince, appelé Teutamès , envoya un secours de dix mille Éthyopiens, sous la conduite de Memnon , à Priam , pour soutenir la guerre de Troye. Voilà une coïncidence favorable au système chronologique. Troye , d'après les calculs les plus probables, fut prise par les grecs , il y a environ 3,000 ans : c'est précisément l'époque où Teutamès se trouve placé.

La seconde remarque, c'est que les quatre rois, rangés dans l'accolade , ne sont point cités par Jules Africain, ils le sont seulement par le Syncelle; et c'est ici une des corrections adoptées par Delile de Sales. . . . .

(16) Sardanapale , qu'on devrait écrire

Sardan-phul, n'est point le véritable nom du dernier roi des Assyriens ; c'est une épithète qui renferme le même sens exprimé en latin par *Augustus* ou *Magnus*, et en français, par l'illustre ou le grand : ce Prince est tantôt appelé par les historiens Tonos Cocoleros, et tantôt Sarac.

Des savans ont prétendu qu'il avait existé deux rois appelés ou surnommés Sardanapale : l'un grand et magnanime ; l'autre efféminé et sans caractère : pour le prouver, ils ont partagé en deux fragmens l'épitaphe que je rapporte, attribuant au premier ce qu'elle contient de sublime : « Je suis Sardana-
» pale, fils d'Anakindarax ; j'ai bâti Tharse et An-
» kialé en un jour, et maintenant je ne suis
» plus ».

Et au second, ce qu'on y lit de licencieux, en le transcrivant comme il est rapporté par Athénée, dans son banquet des philosophes :

« J'ai vu la vie de l'homme fugitive et empoi-
» sonnée par les chagrins ;

» J'ai vu que tous les plaisirs que je dédaignerais
» seraient le partage des autres plus sages et moins
» scrupuleux que moi ;

» Alors j'ai usé de tous les droits du trône, et tant que j'ai vu la lumière du jour, j'ai mangé j'ai bu, j'ai fait l'amour ».

Quelque soit, au reste, le véritable nom du Prince qui nous est connu sous celui de Sardanapale, il est évident que sa chûte entraîna celle des Assyriens, dont la puissance passa aux Mèdes.

C'est peut-être ici le moment d'observer combien la manie qu'avaient les anciens de traduire les noms propres, chacun dans sa langue, ou de les adoucir par l'addition de quelques voyelles, a jeté du trouble dans l'histoire des Peuples. Je ne sais trop si l'on n'accusera point un jour les modernes de commettre la même faute. Par exemple, reconnaitra-t-on bien le roi d'Angleterre *James*, dans le nom de *Jacques* que nous lui donnons, ou dans celui de *Jacob*, ou *Jacobus* que lui donnent les Allemands ?

Le roi d'Espagne, *Don Carlos*, est-il bien nommé *Charles ?*

Les rois de France, *Jean* ou *Louis*, sont-ils fort aisés à reconnaître dans *Joannes*, *John*, *Ludovico*, *Lewis ?* etc., etc.

On pourrait citer mille exemples de ces bisarreties.

(17) On a quelquefois confondu ce Ninus, fils de Sardanapale, avec le célèbre Ninus, fils de Bélus ; mais le Syncelle établit parfaitement la différence de l'un à l'autre. *Voyez* chronogr. du Syncelle, page 206.

(18) On ne connait des rois de Ninive, tributaires des Mèdes, que trois : Ninus II, Phul qui lui succéda, et Sarac qui fut le dernier de tous. La perte de ces noms obscurs n'est point regrettable.

Il suffit de savoir, qu'entre la prise de Ninive

par Arbace et son entière destruction par Cyaxare, il s'est écoulé environ 221 ans.

(19) Cette histoire de Cyrus, dans laquelle j'ai essayé de jeter quelque intérêt, n'est pas plus authentique que celle de Sémiramis ; le vague qui règne dans le commencement de l'une et de l'autre a favorisé mon plan. Au reste, le fond des événemens est tiré d'Hérodote ; les détails et les ornemens que j'y ai ajoutés sont indiférens à la marche de l'histoire.

(20) Moïse rend hommage à cette prodigieuse antiquité. Tous les interprètes de la Genèse s'accordent à reconnaître les Perses dans les Élamites, dont il est parlé au chapitre 14. v. 1 et 9.

(21) On trouve Adam et Évah dans la Genèse, et Adimo et Procriti dans les livres sacrés de l'Inde.

Il existe une histoire de l'ancienne Perse écrite en langue persanne par un savant nommé Mirkond : cette histoire, intitulée : *Ravadhat-al-safa*, jouit de la plus grande célébrité en Orient. L'auteur l'a conduite depuis le commencement du Monde jusqu'à l'an 900 de l'Hégire. Le docteur Hyde à beaucoup puisé dans cette histoire pour enrichir son savant traité sur la religion des anciens Perses. On n'a guères commencé à connaître cet ouvrage en Europe que depuis la traduction abrégée que Texeira en a donné en espagnol.

2   24

(22) Herbelot nomme ce Prince Caïumarath. Les sentimens des historiens arabes sont fort partagés au sujet de ce Prince : les uns le font fils d'Adam ; les autres veulent qu'il ait régné après le déluge, et qu'il soit contemporain d'Enoch ; ils se réunissent cependant pour lui donner 1000 ans de vie et 650 ans de règne : ce n'était guères la peine de se diviser sur le reste.

Voyez dans le dictionnaire d'Herbelot chaque chose à son article.

(23) Huschenk signifie *le sage*. Son testament est un recueil de maximes, dont voici les plus remarquables :

« Les rois sont les Dieux de la terre, mais Dieu » est le maître des rois ».

« Si Dieu se venge une fois il pardonne mille : c'est » en quoi doivent l'imiter les rois ».

(24) *Simorg* signifie un griffon en langue persanne. Les 84,000 ans, dont parle ce griffon de longue vie, forment douze révolutions du grand siècle de 7,000 ans. La superstition orientale croit que le Monde se renouvelle de sept en sept mille ans.

(25) Le savant Bailly, dans son histoire de l'astronomie ancienne, parle de la fondation d'Estekhar, qu'il assure être la même ville que Persépolis.

On lit dans Herbelot que Giamschid, pour éterniser cet événement, institua une fête nommée

Neuruz : cette fête , placée par lui au premier jour du printems, et célébrée d'année en année , se trouva , sous le calife Modthaci , qui régnait l'an 470 de l'Hégire , tomber au 15e. dégré du bélier. Cette variation fournit une nouvelle preuve de l'antiquité de Persépolis et du Monarque qui en fut le fondateur.

(26) Ce forgeron , libérateur de sa patrie , se nommait Gao. Le tablier de cuir qui lui servit d'étendart fut conservé par Féridoun qui l'orna de pierres précieuses et en fit la banière des rois de Perse. Les Arabes s'en emparèrent dans la suite sous le califat d'Omar , et l'on dit que l'armée entière fut enrichie du partage de cette précieuse dépouille.

Féridoun dut son salut à Feramak, sa mère, qui trouva moyen de le soustraire aux fureurs de Zohac.

(27) Il paraît que les Persans appelaient *Touran* le pays situé au nord de leur empire , et *Afrasiab* , les Princes leurs ennemis. C'étaient vraisemblablement le roi Mède qu'ils désignaient par le nom d'*Afrasiab* , qui signifie conquérant, vainqueur ou fléau de la Perse. Quelquefois ils donnaient à leur propre pays le nom d'*Ouran* par opposition à celui de *Touran* , et indiquaient par là la situation des deux empires et leur division politique. Les Orientaux en ont souvent usé de cette sorte ; du moins , c'est ce que l'on remarque dans les noms de Gog et Magug, Gin et Magin, Syrie et Assyrie, et beaucoup d'autres.

(28) Voici la liste des Monarques Pischdadiens :

KAI – OMARAS, fondateur de la dynastie.

SIAMEK , son fils.

Après la mort de Siamek , Kai-Omaras remonte sur le trône. Suivant les auteurs orientaux la durée totale de son règne est de 560 ans.

HUSCHENK , fils de Siamek , règne 50 ans et meurt âgé de cinq siècles.

TAHA-MURATH. On ignore la durée de son règne et celle de sa vie.

GIAMSCHID. Est détrôné par Zohac , après un règne de 700 ans.

L'usurpateur Zohac , ayant été vaincu par le forgeron Gao , Feridoun , petit fils de Giamschid , monte sur le trône.

FERIDOUN. Règne l'espace de 500 ans.

MANUGEHER. Reste sur le trône 120 ans.

NAUDAR , fils de Manugeher , est tué , après 7 ans de règne , par Afrasiab qui envahit la Perse.

Rustan , fils de Zalzer et de la belle Rondabah , se met à la tête des Persans. Après une guerre meurtière , il contraint Afrasiab de rendre la couronne aux descendans de Kai-Omaras.

ZAB. Placé sur le trône par le brave
Rustan , y associe son fils Kis-
chtasb ; mais l'un et l'autre meurent bientôt , et avec eux s'éteint
la race des Pischdadiens.

Il ne tenait qu'à Rustan , après sa victoire sur
Afrasiab et l'extinction de la famille de Kai-Omaras ,
de gouverner l'empire dont il était le libérateur ;
mais, comme Philoctète , il aima mieux faire des
rois que de l'être lui-même. Il remit le sceptre
à un Prince qui devint la tyge d'une nouvelle dynastie, connue sous le nom de Kainides.

KAI – COBAD , roi par la grace de Rustan , est
le premier de ces Princes ; il
règne 120 ans.

KAI-CAOUS , son fils, règne 150 ans.

KAI-COSROU , fils de Kai-Caous , tue Afrasiab
dans un combat singulier , et réu-
nit ses états à la Perse.

LOHORASP , fils d'Orondak.

KISTASP , fils de Lohorasp.

ARDSHIR , fils d'Aspendiar.

HOMAI , fils d'Ardshir.

DARAB I.

DARAB II , détrôné par Alexandre.

C'est le Kai-Cosrou de cette dynastie que les
savans ont confondu avec Cyrus ; ils se sont réunis
à penser que les Princes Kainides pouvaient bien
être ceux que les Grecs reconnaissaient pour les
successeurs de Cyrus ; mais il existe de grandes

difficultés dans ce problème historique. Il suffit pour s'en convaincre de faire le rapprochement du tableau donné par les Grecs, de celui qui nous est transmis par les historiens de l'Orient. Le voici :

CYRUS.

CAMBYSE, son fils, à la mort duquel le Mage Smerdis usurpe le trône.

DARIUS, fils d'Hystaspe.

XERXÈS I.

ARTAXERXE, longue-main.

XERXÈS II.

SOGDIEN.

DARIUS Nothus.

ARTAXERXE Mnemon.

OCHUS.

ARSÈS.

DARIUS Codoman, détrôné par Alexandre.

Les seuls noms qui se ressemblent dans ces deux listes, sont :

KISTASP, qu'on reconnaît dans le fils d'HYSTASPE.

ARDSHIR, qu'on reconnaît dans ARTAXERXE.

DARAB I. qu'on reconnaît dans DARIUS Nothus.

DARAB II, qu'on reconnaît dans DARIUS Codoman.

L'opinion de Delile de Sales, dont j'ai adopté la plupart des systèmes, est que Kai-Cobad, Kai-Caous et Kai-Cosrou, doivent être rejetés dans des tems antérieurs, et qu'il faut admettre un grand intervalle entre ce dernier Prince et Lohorasp.

Ce savant croit que ce n'est qu'à l'époque du règne de Darius, fils d'Hystaspe qu'on peut faire concorder les traditions orientales avec celles que nous ont transmises les Grecs ; mais je diffère de son sentiment en un point ; c'est que je crois que le Kai-Cosrou des historiens persan est le même que le Cyrus de Xénophon et d'Hérodote. Quelque différence qui puisse exister d'ailleurs dans les événemens qui les concernent , on ne peut se dispenser de reconnaître le vainqueur des Mèdes dans le héros qui tue Afrasiab, l'éternel ennemi de la Perse , et qui , sur les débris de son empire, établit les fondemens du sien. Voyez, au surplus, *la Bibliothèque orientale* d'Herbelot , aux articles *Caiun* , *Caicobad* , *Caicaous* , *Caikhosru* , etc.

(29). Xékia est, suivant les Indiens, le plus grand prophète qui ait jamais paru ; ils le disent né d'une vierge, et envoyé sur la terre pour montrer aux hommes le chemin de la vertu. C'est le gouverneur des lieux heureux et le protecteur des ames ; c'est le seul médiateur qui puisse faire obtenir aux hommes la rémission de leurs péchés et la vie éternelle. La Divinité, annoncée par Xékia, se nomme Amida : c'est aujourd'hui la plus honorée au Japon.

Suivant le savant Kempfer, Xékia n'était point originaire des Indes, mais bien de l'Afrique, d'où il vint prêcher sa doctrine sur les bords du Gange.

(30) Arrien dit que depuis la conquête de l'Inde par Bacchus jusqu'à l'invasion d'Alexandre , cent-cinquante-trois rois ont régné sur les Peuples

réunis de l'Inde et du Gange , pendant un intervalle de 6,042 ans ; Pline prolonge cet intervalle
de quatre siècles ; mais suivant le savant Hollwell ,
les Gentoux ne portent pas si loin leurs prétentions
historiques ; car ils ne comptent qu'environ 5,000
ans depuis l'époque miraculeuse où Bramah descendit sur la terre pour donner aux Indiens un
code de loix traduit de la langue des Anges. *Voyez*
Arrien , pag. 323. Pline , *his. nat.* liv. 6 , chap. 17,
et Hollwell , *événemens historiques du Bengale* ,
tom. 2 , pag. 14.

(31) Voici la liste des rois de l'Hyémen , depuis
Joctan , fils du patriarche Heber , telle qu'elle est
rapportée dans l'histoire de l'académie des belles-
lettres , édit. *in-12*, tom. 14 , pag. 22.

JOCTAN , ou Kathan , est regardé par les
    Arabes comme le premier roi de
    l'Hyémen ; il commence à régner,
    suivant leurs traditions , vers l'an
    1,817 avant l'ère chrétienne ,
    c'est-à-dire 3,618 ans avant nous.

YARAB , son fils.

YASCHAB.

ABDSCHAMS.

HAMYAR , fils d'Abdschams , donne son nom
    aux rois de sa dynastie ; il com-
    mence à régner environ 3,500 ans
    avant nous. On peut en conséquence
    le regarder comme le contempo-
    rain de Sésostris roi d'Egypte.

La dynastie des rois **Hamyarites** n'a finie que l'an 502 de Jésus-Christ ; ainsi sa durée totale a été de 2,200 ans.

VAYEL.	
ALSACSAR.	
YAFAR.	Ce Prince est détrôné par l'usurpateur Dhouriasch neveu de Vayel,
DHOURIASCH,	qui détrône Yafar, est à son tour détrôné par Noman, fils d'Yafar.
NOMAN.	
ASMAH,	fils de Noman, est détrôné par Schaddad, issu d'un frère d'Hamyar.
SCHADDAD	transmet le trône à ses frères Lokman et D'housadad.
LOKMAN.	
D'HOUSADAD.	
HARETH.	
DHOULGARNAIN-ASSAAD.	
DHOULMANAR-ABRAHAH.	
AFRIKIS.	On croit que ce Prince, détrôné par les Assyriens, fut obligé de passer en Afrique 3,260 ans avant nous.
DHOULADAR,	frère d'Afrikis.
SCHARHABIL,	descendant d'un petit-fils d'Hamyar, dépouille son prédécesseur, et remet le trône dans la maison des Hamyarites.

ALHODAD.

L'académie admet ici un vide de plus de 400 ans dans les fastes de l'Hyémen.

BALKIS.

C'est la fameuse reine de Saba, qui fait le voyage de Jérusalem pour visiter Salomon. Cette Princesse, suivant les meilleurs calculs chronologiques, règne 2,780 ans avant nous.

MALEC,

frère de Balkis. Ce Prince s'étant exposé à traverser, avec une armée, un désert de l'Arabie, la vit périr toute entière dans les sables brûlans. Afin d'éterniser le souvenir de sa faute, il fit ériger un monument funèbre, et fit graver sur l'airain le récit de cet événement.

SCHAMER.

ABOUMALEC.

AMRAN.

AMROU-MAZIKIA.

AL-ALKHAM.

DHOUMAB-SCHAN.

Le règne de ce Prince est célèbre par une inondation mémorable qui renversa la ville royale de Saba, et submergea presque tout l'Hyémen. Il y a 2,650 ans.

TOBBAA.

LALAICARB.

Après le règne de ce Prince, l'académie admet encore dans

les fastes de l'Hyémen un vide de près de 700 ans.

C'est précisément durant ce vide que je suppose l'arrivée de Cyrus en Arabie, il y a environ 2,360 ans, et c'est ce qui m'a engagé à dire qu'à l'époque du voyage de ce Prince, les Arabes étaient gouvernés par des magistrats choisis au milieu d'eux.

JE vais continuer à donner la liste entière des rois de l'Hyémen, quoiqu'elle sorte de mon cadre, et qu'elle finisse à des tems beaucoup plus modernes que ceux où je compte m'arrêter.

ABOUCARB. Ce monarque commence à régner 700 ans avant la naissance de Mahomet, c'est-à-dire, 1,929 ans avant nous.

HASSAN. Meurt assassiné de la main de son frère.

AMROU-DHOULAVAD.

ABDEELAL , fils d'Amrou.

TOBBAA , frère d'Amrou.

HARETH , autre fils d'Amrou.

MORTHED , fils d'Abdeelal.

VACCIAA , fils de Morthed. Il commence à régner il y a 1,830 ans.

Nouveau vide de plus de 300 ans.

ABRAHAN. Commence à régner il y a 1450 ans.

SABHAN ,   fils de Dakikan.

DHOUSCHANATER.

DHOULNAOVAS , dernier   roi de l'Hyémen. Ce
          Prince , vaincu par les Ethyopiens
          et réduit au désespoir , se précipite
          dans la mer , et laisse son sceptre
          entre les mains des rois d'Ethyopie ,
          qui le confient à leurs vice-rois.

          La mort de Dhoulnaovas tombe
          l'an 70 avant la naissance de Ma-
          homet , c'est-à-dire , 1,299 ans
          avant nous.

(32) Les Ethyopiens, si fiers de leur doctrine,
s'avouaient autant inférieurs aux Indiens, qu'ils se
prétendaient supérieurs aux Egyptiens.

Leurs sages habitaient une colline voisine du
Nil ; toutes les années ils se rassemblaient dans un
bois sacré pour délibérer sur le bonheur de l'É-
thyopie en général. Ils regardaient le Nil comme
le plus puissant des Dieux : c'était , selon eux ,
une Divinité *terre et eau*. Lucien leur attribue l'invention de l'Astronomie ; mais il se trompe. Cette
science est née sous le beau ciel des Atlantes ,
et non dans les déserts brûlans de la Zône Tor-
ride.

Voici quelles étaient leurs principales maximes :

« Il faut adorer Dieu ; ne faire du mal à personne ;
s'exercer à la fermeté , et mépriser la mort ».

» La vérité n'a rien de commun ni avec la terreur des arts magiques, ni avec l'appareil imposant
des miracles ».

» Il n'y a que le bien acquis avec peine dont on jouisse avec plaisir ».

Au reste, les Éthyopiens étaient connus et respectés des Grecs par l'innocence et la pureté de leurs mœurs. Les Dieux mêmes, selon Homère, se plaisaient au milieu d'eux. Ce poëte immortel dit dans un endroit de son Iliade, chant I, v. 422 :

« Jupiter, accompagné de tous les Dieux, visi-
» tait alors les Peuples innocens de l'Éthyopie et
» assistait à leurs sacrifices ».

(33) J'ai donné, dans la note 15 de ce volume, la liste des rois Assyriens, depuis Bélétaras jusqu'à Sardanapale : voici celle des rois Mèdes, depuis Arbace jusqu'à Astyage, dernier Prince de la dynastie :

ARBACE, triomphe de Sardanapale et substitue l'empire des Mèdes à celui des Assyriens ; il règne . . . . 28 ans.

Ce Prince, nommé Arbace par Diodore, Eusèbe et Le Syncelle', porte le nom d'Abracos dans Jules Africain.

MADAUCÈS règne 13
SOSARME 4

Les historiens ne sont pas d'accord sur la durée du règne de ce monarque.

ARTYAS, ou Artycas. 13
ARBIANÈS, ou Mamithos, ou Medidos. . . 40
ARTÉE, ou Cardiceas 23

La même incertitude existe sur la durée de ces trois règnes.

Règnes de l'autre part. . . . . **121** ans.

Artynrès ou **Dyicos** règne 54

> On croit que c'est ce monar-
> que qu'Hérodote nomme Déjo-
> cès, et auquel il attribue la fon-
> dation d'Ecbatane.

Antibarnas ou **Phraorte** 24

Cyaxare. 32

> Diodore connaît ce Prince
> sous le nom d'Astibaras. Ce fut
> lui qui renversa Ninive et mit fin
> à l'empire des rois Ninivites.

Astyage 38

> Diodore le nomme Aspandas.
> C'est à lui que finit la domi-
> nation des Mèdes.

Total des règnes . . . . 269 ans.

Nous avons compté, depuis la naissance de Bélus
jusqu'à la mort de Sardanapale, un intervalle de . . . . 1,425 ans.

Depuis l'insurrection d'Arbace jusqu'au
triomphe de Cyrus, nous venons de voir
qu'il s'est écoulé 269

Ce qui forme un total de . . . . . 1,694 ans.

Otons maintenant de 4,030 années que nous avons
comptées, depuis Bélus jusqu'à nous, ces 1,694 ans;
et nous trouverons qu'il y en a précisément 2,336, que
la mort d'Astyage laissa Cyrus paisible possesseur de
l'empire des Mèdes.

(34) Voici le tableau de la durée des règnes des souverains de Babylone , depuis Bélésis jusqu'à la destruction de sa monarchie par Cyrus.

BÉLÉSIS règne . . . . 58 ans.

> Le nom de ce mage ne se trouve pas dans la liste que nous a transmise Ptolomée dans son canon astronomique , ce qui me porte à croire que , tant que vécut Arbace, Bélésis n'osa point prendre le nom de roi , et que Nabonassar , son successeur , commença le premier à se parer de ce titre.

NABONASSAR règne 14
NABIOS, ou Nassios 2
CHINZEROS, ou Poros 5
DILOULAIOS , ou Yloulaios 5
MARDOKEMPAD 12
ARCEANOS 5
          Interrègne 2
BELITHOS , ou Belib 3
APORONADICOS , ou Parnadios 6
NERIGEBAL 1
NESNOEMONDAC , ou Mesissimordac . . . 4
          Interrègne 8
JERAEDIN , ou Isaridin , ou Assaradon . 13
SAOSDOUCHIN 9
CHYNILADAC 14
NABOPOLASSAR 21
NABUCODONOSOR 43

Règnes de l'autre part	**225** ans.
ILOVARDAM, ou Evilad	3
NERIGLISSAR	5
NABONIDE , ou Labyneth	34

Total des règnes . . . . 267 ans.

Il résulte de ce calcul qu'il s'est écoulé à peu près le même tems entre Bélésis et la destruction de sa monarchie, qu'entre Arbace et la mort d'Astyage, dernier roi des Mèdes. Ainsi l'on peu toujours placer vers l'an 2,336, ou 2,338 avant nous, le commencement du grand empire des Perses en Asie.

Avant de finir cette note je ne puis m'empêcher d'observer que presque tous les noms des souverains de Babylone, sont des épithètes plutôt que de véritables noms propres, et que la différence existante entr'eux vient principalement des diverses manières de les prononcer ou de les écrire par les Peuples qui nous les ont trans. Je n'en citerai qu'un exemple :

Le dernier roi de Babylone est nommé *Labyneth* par Hérodote, *Nabonad* ou *Nabonide* par Ptolomée, et *Balthazar* par les Hébreux. *Labyneth*, *Nabonad* ou *Nabonide*, sont évidemment le même nom différemment prononcé, et *Balthazar* en est la traduction. Il signifie : *voué au seigneur* ou *protégé par le seigneur*. Voyez Fourment, *réflexions critiques sur les histoires des anciens Peuples*, tom. 2, pag. 366.

Fin des notes de la seconde Partie.

TABLE

Des Lettres contenues dans la seconde Partie.

(387)

Fin de la Table.

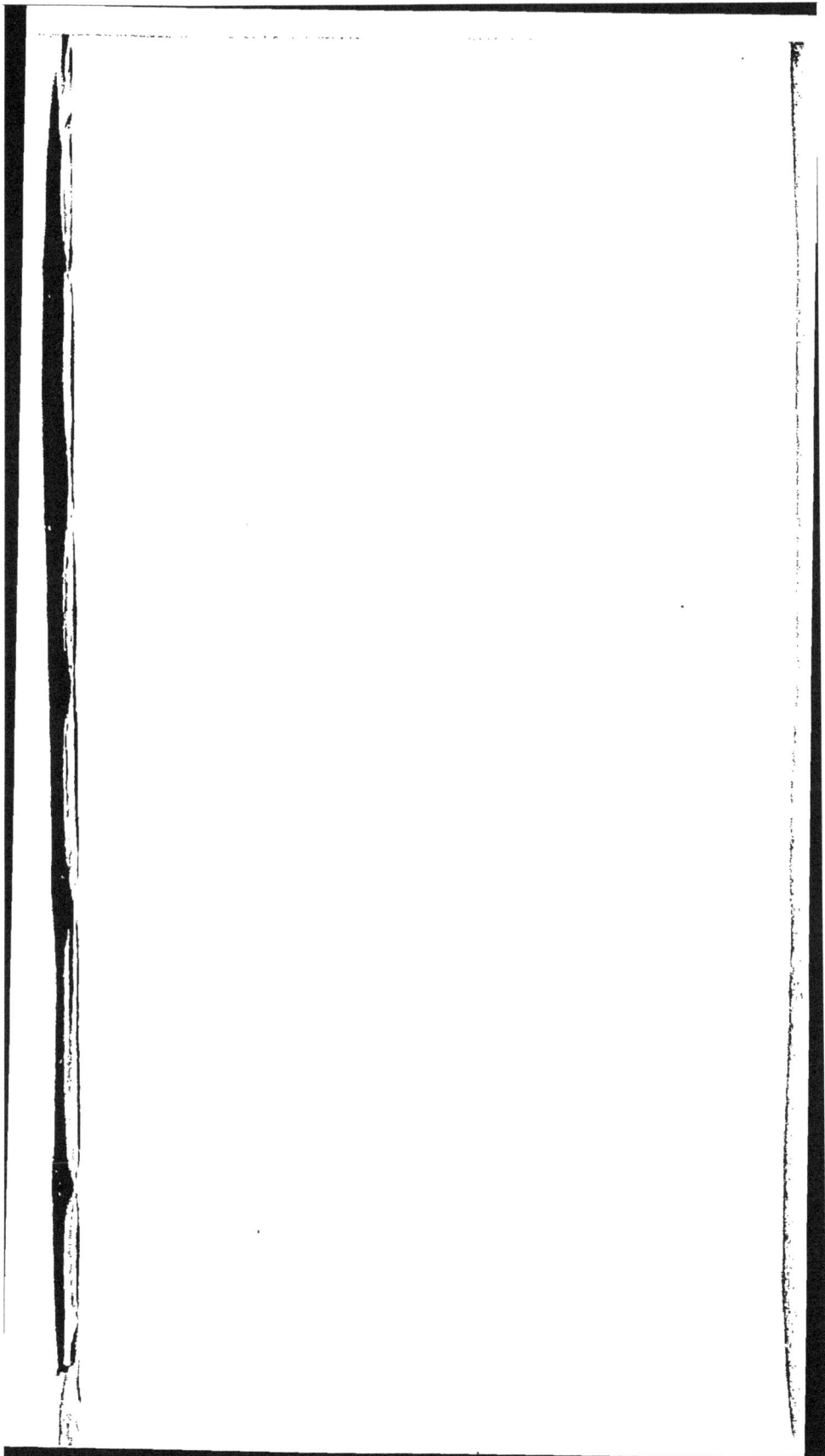

www.ingramcontent.com/pod-product-compliance
Lightning Source LLC
Chambersburg PA
CBHW071616270326

41928CB00010B/1653